NCS
사립학교
교직원연금공단

필기시험

PREFACE

우리나라 기업들은 1960년대 이후 현재까지 비약적인 발전을 이루었다. 이렇게 급속한 성장을 이룰 수 있었던 배경에는 우리나라 국민들의 근면성 및 도전정신이 있었다. 그러나 빠르게 변화하는 세계 경제의 환경에 적응하기 위해서는 근면성과 도전정신 이외에 또 다른 성장 요인이 필요하다.

최근 많은 공사·공단에서는 기존의 직무 관련성에 대한 고려 없이 인·적성, 지식 중심으로 치러지던 필기전형을 탈피하고, 산업현장에서 직무를 수행하기 위해 요구되는 능력을 산업부문별·수준별로 체계화 및 표준화한 NCS를 기반으로 하여 채용공고 단계에서 제시되는 '직무 설명자료' 상의 직업기초능력과 직무수행능력을 측정하기 위한 직업기초능력평가, 직무수행능력평가 등을 도입하고 있다.

사립학교교직원연금공단에서도 업무에 필요한 역량 및 책임감과 적응력 등을 구비한 인재를 선발하기 위하여 NCS 기반 필기시험을 치르고 있다. 본서는 사립학교교직원연금공단 채용대비를 위한 필독서로 사립학교교직원연금공단 필기시험의 출제경향을 철저히 분석하여 응시자들이 보다 쉽게 시험유형을 파악하고 효율적으로 대비할 수 있도록 구성하였다.

신념을 가지고 도전하는 사람은 반드시 그 꿈을 이룰 수 있습니다. 처음에 품은 신념과 열정이 취업 성공의 그 날까지 빛바래지 않도록 서원각이 수험생 여러분을 응원합니다.

STRUCTURE

01 의사소통능력

1 의사소통과 의사소통능력

(1) 의사소통

① **개념** … 사람들 간에 생각이나 감정, 정보, 의견 등을 교환하는 총체적인 행위로, 직장생활에서의 의사소통은 조직과 팀의 효율성과 효과성을 성취할 목적으로 이루어지는 구성원 간의 정보와 지식 전달 과정이라고 할 수 있다.

② **기능** … 공동의 목표를 추구해 나가는 집단 내의 기본적 존재 기반이며 성과를 결정하는 핵심 기능이다.

③ 의사소통의 종류
  ⊙ 언어적인 것: 대화, 전화통화, 토론 등
  ⊙ 문서적인 것: 메모, 편지, 기획안 등
  ⊙ _____적인 것: 몸짓, 표정 등

의사소통 분위기 등

____해하는 요인 … 정보의 과다, 메시지의 복잡성 및 메시지 간의 경쟁, 상이한 직위 ____신뢰의 부족, 의사소통을 위한 구조상의 권한, 잘못된 매체의 선택, 폐쇄적인

(2) 의사소통능력

① **개념** … 의사소통능력은 직장생활에 __의 의사를 정확하게 표현하는 능력__는 능력을 포함한다.

직장생활에서 문서나 상대방이 하는 말의 의미를 파악하는 능력, 자신__표현하는 능력, 간단한 외국어 자료를 읽거나 외국인의 의사표시를 이해하__

② **의사소통능력 개발을 위한 방법**
  ⊙ 사후검토와 피드백을 __발을 위한 방법
  __확한 의미를 __한 의미를 가진 이해하기 쉬운 단어를 선택하여 이해도를 높인다.
  ⓒ 적극적으로 경청한다.
  ② 메시지를 감정적으로 곡해하지 않는다.

01 인성검사의 개요

1 허구성 척도의 질문을 파악한다.

인성검사의 질문에는 허구성 척도를 측정하기 위한 질문이 숨어있음을 유념해야 한다. 예를 들어 '나는 지금까지 거짓말을 한 적이 없다.', '나는 한 번도 화를 낸 적이 없다.', '나는 남을 험담하거나 비난한 적이 한 번도 없다.' 이러한 질문이 있다고 가정해보자. 상식적으로 보통 누구나 태어나서 한번은 거짓말을 한 경험은 있을 것이며 화를 낼 경우도 있을 것이다. 또한 대부분의 구직자가 자신을 좋은 인상으로 포장하는 것도 자연스러운 일이다. 따라서 허구성을 측정하는 질문에 다소 거짓으로 '그렇다'라고 답하는 것은 전혀 문제가 되지 않는다. 하지만 지나치게 좋은 성격을 염두에 두고 허구성을 측정하는 질문에 전부 '그렇다'고 대답을 한다면 허구성 척도의 득점이 극단적으로 높아지며 이는 검사항목전체에서 구직자의 성격이나 특성이 반영되지 않았음을 나타내 불성실한 답변으로 신뢰성이 의심받게 되는 것이다. 다시 한 번 인성검사의 문항은 각 개인의 특성을 알아보고자 하는 것으로 절대적으로 옳거나 틀린 답이 없으므로 결과를 지나치게 의식하여 솔직하게 응답하지 않으면 과장 반응으로 분류될 수 있음을 기억하자!

2 '대체로', '가끔' 등의 수식어를 확인한다.

'대체로', '종종', '가끔', '항상', '대개' 등의 수식어는 대부분의 인성___러한 수식어가 붙은 질문을 접했을 때 구직자들은 조금 고민하게___질문들이 많음을 기억해야 한다. 다만, 앞에서 '가끔', '때때로'라는___면 뒤에는 '항상', '대체로'의 수식어가 붙은 내용은 똑같은 질문이 ___자주 사용되는 수식어를 적절히 구분할 줄 알아야 한다.

핵심이론 정리	출제예상문제	인성검사 및 면접
직업기초능력평가 각 영역별 핵심적인 이론을 체계적으로 정리하여 수록하였습니다.	적중률 높은 영역별 출제예상문제를 상세하고 꼼꼼한 해설과 함께 수록하여 학습 효율을 확실하게 높였습니다.	성공취업을 위한 인성검사와 면접기출을 수록하여 취업의 마무리까지 깔끔하게 책임집니다.

CONTENTS

PART

I

사립학교교직원연금공단 소개

01 공단소개 및 채용안내

1 사립학교교직원연금공단 소개

(1) 설립목적 및 체계

① 설립목적(사학연금법 제1조) … 사립학교교직원의 퇴직·사망 및 직무로 인한 질병·부상·장해에 대하여 적절한 급여제도를 확립함으로써 교직원 및 그 유족의 경제적 생활안정과 복리향상에 기여하기 위해 설립되었다.

② 업무(사학연금법 제4조)
- ㉠ 부담금 징수
- ㉡ 각종 급여의 결정과 지급
- ㉢ 자산 운용
- ㉣ 교직원 복지사업 수행(국가위탁사업 포함)
- ㉤ 그 밖에 연금에 관한 업무

③ 사업체계

고유목적사업	자산운용사업	교직원복지사업
[연금사업] 가입자 관리 부담금 징수 급여금 지급 • 연금 급여 • 재해보상 급여 • 퇴직수당 급여	[자금운용사업] 금융기관 예입·신탁 유가증권매매 대체투자 등	[국가위탁사업] 국고학자금 대여
	[대여사업] 생활안정자금대여	[복지서비스사업] 제휴복지서비스 무료법률상담서비스 자산관리상담서비스
	[회관운영사업] 부동산임대 등	

(2) 사학연금 전략체계

① 미션(Mission) ··· 안정적 연금 · 복지서비스로 교직원 행복 실현에 기여

② 비전(Vision) ··· 미래 행복을 책임지는 교직원의 동반자

　ㄱ 미래 : 연기금의 지속가능성 제고를 위해 공단이 대비해야 하는 미래 경영환경을 뜻한다.

　ㄴ 행복 : 공단이 제공하고자 하는 본질적 가치로서, 건강하고 행복한 삶을 영위하는 교직원의 모습을 의미한다.

　ㄷ 책임지는 : 연금 · 복지서비스, 안전한 학교 조성 등 고객 중심의 서비스 제공을 통해 교직원의 행복한 내일을 책임지고자 한다.

　ㄹ 교직원의 : 사학교직원과 그 가족, 미래가입자 등 현재 고객과 미래의 잠재고객을 포함한다.

　ㅁ 동반자 : 재직기간부터 은퇴 이후의 삶까지 고객의 곁에서 든든한 삶의 파트너로서 동행하고자 한다.

③ 핵심가치

　ㄱ 전문(Behave) : 우리가 행동하는 방식 (#최고의 전문성, #학습과 성장)
　　우리는 끊임없이 배우는 자세를 통해 최상의 성과를 창출하는 연기금 전문가로 거듭난다.

　ㄴ 책임(Ensure) : 우리가 보장하는 공익가치(#공공가치 창출, #안전 최우선)
　　우리는 사명감을 가지고 국민 · 근로자가 안전하고 행복한 방향으로 판단하고 행동한다.

　ㄷ 소통(Share) : 우리가 소통하는 방식(#경청과 공감, #국민참여)
　　우리는 열린 네트워크를 갖추고 국민과 고객이 공감할 수 있는 정책을 추진한다.

　ㄹ 혁신(Think) : 우리가 생각하는 방식(#변화주도, #미래도약)
　　우리는 환경변화에 대한 도전과 성취로 지속가능한 경영에 앞장선다.

④ 전략체계도

경영 목표	연금운영 품질지수 100점 달성	기금운용 목표수익률 초과 달성	사회적 가치 구현 최우수 기관	
전략 방향	고객체감 서비스 혁신	건강한 기금 성장	공공의 사회적 기여	사람중심 열린경영
전략 과제	• ICT기반 스마트 연금운영 • 연금 사각지대 권익보호 강화 • 생애 맞춤 복지서비스 강화	• 기금운용 수익률 제고 • 공적기금의 사회적 책임 강화 • 전사 위험관리 체계 확립 • 지속가능한 연금제도 확립	• 양질의 공정한 일자리 창출 • 공적기금의 사회적 책임 강화 • 지역사회 상생협력 확대	• 안전·친환경 책임경영 강화 • 국민 참여 투명경영 실현 • 미래성장을 위한 조직역량 강화

(3) 인재상

고객지향 신뢰인	차별화된 서비스 제공으로 고객으로부터 신뢰받는 인재
성과중심 전문인	전문성 확보를 통한 경쟁력 향상과 성과를 창출하는 인새
변화주도 창조인	열정과 도전정신으로 공단의 미래를 선도해 가는 인재

2 채용안내(2020년 공고 기준, 2021년 공고는 채용 홈페이지를 참고해 주십시오.)

(1) 채용인원

구분	경영 / 행정 / 사무				안전	정보보안	전산	계
	일반	보훈	고졸	소계				
신입	9명	4명	2명	15명	1명	2명	2명	20명

(2) 지원자격

구분	직급	직무		지원자격
신입	사무직 5급	경영/행정/사무	일반	성별, 학력, 전공 제한 없음
			보훈	「국가유공자 등 예우 및 지원에 관한 법률」 등에 따른 취업지원대상자 성별, 학력, 전공 제한 없음
		안전		관련 자격증* 소지자 성별, 학력, 전공제한 없음
		정보보안		
		전산		
	사무직 6급	경영/행정/사무	고졸	①, ② 조건 중 하나를 충족하는 자 ① 최종학력이 고교졸업자로 고등학교장의 추천을 받은 자 - 전 학년 석차 평균 2등급 이내 (석차등급 기준, 석차 등급이 산출되지 않는 과목은 평가에서 제외) - 한 학교당 최대 2명까지 추천 가능(학교당 2명 초과 추천 시 접수순으로 2명까지만 인정) ② 고졸 검정고시는 전 과목 평균성적이 90점 이상인 자 (학교장 추천 불요) ※ (전문)대학 이상의 졸업(예정)/재학/휴학자 지원 불가 - 허위학력 사후 적발 시 합격 또는 임용 취소

* 직무별 "관련 자격증"은 다음과 같으며, 각 직무별 1개 이상 소지 시 지원 가능함
- 안전 : 산업안전기사, 건설안전기사, 건설안전기술사, 기계안전기술사
- 정보보안 : 정보처리기사, 정보보안기사, 국제공인정보시스템보안전문가(CISSP), 국제공인정보시스템감사사(CISA)
- 전산 : SQL 개발자, SQL 전문가, OCP(Oracle Certified Professional), OCAJP(Oracle Certified Associate Java Programmer), OCPJP(Oracle Certified Professional Java Programmer), 정보처리기사, 전자계산기기사, 전자계산기조직응용기사, 정보통신기사, 정보기술프로젝트관리전문가(IT-PMP), 데이터아키텍처전문가(DAP), 정보관리기술사, 컴퓨터시스템응용기술사, 정보통신기술사, 정보시스템감리사

① 직무 중 지원자 미달, 전형별 합격자 미달 등의 사유로 채용 적합인재가 없다고 판단되거나 입사 포기 등의 사유가 발생할 경우 경영/행정/사무(일반)의 채용인원에서 추가 채용함. 단, 경영/행정/사무(보훈) 및 경력(회계, 연금제도)은 추가 채용하지 않고 채용예정인원 미만으로 채용함

② 구분별(신입, 경력) 또는 직급·직무별 중복 지원은 불가하며, 중복 지원 시 불합격 처리함

③ 보훈은 보훈 외 다른 전형에도 응시 가능함(단, 중복 지원 불가)

(3) 공통 지원자격

① 임용일 현재 만 18세 이상 만 60세 이하(공단 직원 정년 기준)인 자

② 공단 인사규정 제15조에 의한 채용결격사유에 해당하지 않는 자

③ 합격 후 즉시 근무가 가능한 자(입사유예 불가)

④ 타 기관에서 징계처분에 의하여 파면 또는 해임되지 않은 자

⑤ 그 밖에 법률 등에 따라 취업·채용에 제한되지 않는 자

[공단 인사규정 제15조(결격사유)]
다음 각 호의 어느 하나에 해당하는 사람은 직원으로 채용될 수 없다.
• 피성년후견인 또는 피한정후견인
• 파산선고를 받고 복권되지 아니한 사람
• 금고 이상의 형을 선고받고 그 집행이 종료되거나 집행을 받지 아니하기로 확정된 후 5년이 지나지 아니한 사람
• 금고 이상의 형을 선고받고 그 집행유예기간이 끝난 날부터 2년이 지나지 아니한 사람
• 금고 이상의 형의 선고유예를 받고 그 선고유예 기간 중에 있는 사람
• 법률 또는 법원의 판결에 따라 자격이 상실되거나 정지된 사람
• 직무와 관련하여 「형법」 제355조 및 제356조에 규정된 죄를 범하여 300만 원 이상의 벌금형을 선고받고 그 형이 확정된 후 2년이 지나지 아니한 사람
• 「성폭력범죄의 처벌 등에 관한 특례법」 제2조에 규정된 죄를 범하여 100만 원 이상의 벌금형을 선고받고 그 형이 확정된 후 3년이 지나지 아니한 사람
• 미성년자에 대한 다음 각 목의 어느 하나에 해당하는 죄를 저질러 파면·해임되거나 형 또는 그 치료감호를 선고받아 그 형 또는 치료감호가 확정된 사람(집행유예를 선고받은 후 그 집행유예기간이 경과한 사람을 포함한다)
－「성폭력범죄의 처벌 등에 관한 특례법」 제2조에 따른 성폭력 범죄
－「아동·청소년의 성보호에 관한 법률」 제2조 제2호에 따른 아동·청소년대상 성범죄
• 전 근무기관 또는 공단에서 징계로 파면 또는 해임처분을 받은 날부터 5년이 지나지 아니한 사람
• 「병역법」 제76조 제1항에 따른 병역의무 불이행자
• 채용비위 관련 부정합격자로서 채용이 취소된 날로부터 5년이 지나지 아니한 사람

(4) 근무조건 및 처우

구분	내용
신입	• 고용형태: 사무직 5급 · 6급 • 수습기간: 3개월, 근무성적이 양호한 경우에 한해 정규 임용 • 보수: 공단 내규에 따름 • 근무시간: 주 5일, 1일 8시간 근무 • 근무지역: 본부(나주) 및 각 지부(서울, 원주, 대전, 광주, 대구, 부산) • 기타사항: 건강보험 및 사학연금 가입 등

(5) 우대사항 및 가점

구분	우대사항	가점	우대전형
보훈대상자	「국가유공자 등 예우 및 지원에 관한 법률」 해당자	5점~10점	서류/ 필기/ 면접
	「독립유공자 예우에 관한 법률」 제16조에 따른 취업지원대상자		
	「5·18 민주유공자 예우에 관한 법률」 제20조에 따른 취업지원대상자		
	「고엽제후유의증환자지원 등에 관한 법률」 제7조의9에 따른 취업지원대상자		
	「보훈보상대상자 지원에 관한 법률」 제35조에 따른 취업지원대상자		
	「특수임무수행자 지원 및 단체설립에 관한 법률」 제19조에 따른 취업지원대상자		
장애인	「장애인 고용촉진 및 직업재활법」 제2조에 따른 장애인	10점	서류/ 필기
	「의사상자 등 예우 및 지원에 관한 법률」 제13조에 따른 취업보호대상자		
청년	「청년고용촉진 특별법」에 따른 청년	3점	서류
지역인재	「지방대학 및 지역균형인재 육성에 관한 법률」 및 동법 시행령, 기재부 통합공시 기준에 따른 비수도권 지역인재(이전지역 지역인재 포함)	3점	서류
저소득층	「국민기초생활보장법」에 의한 기초생활보장 수급자 및 차상위계층, 「한부모가족지원법」 지원대상자(세대원 포함)	3점	서류

* 입사지원서에 체크한 경우에 가점을 부여하고, 각 가점사항은 전형별 만점대비 40% 이상 득점자에 한해 구분별 중복 적용함

* 해당 우대사항에 대한 증빙자료 미제출 시 불합격 처리함

* 지역인재(비수도권, 이전지역) 관련 세부기준을 반드시 숙지하여 작성하고, 미 해당사항 확인 시 허위기재로 간주하여 불합격 처리함

(6) 전형별 평가내용

① 서류전형

구분	평가사항					
신입	정량적 능력평가(50) + 정성적 능력평가(50) • 정량 평가기준 : 직무 관련 교육사항, 자격사항, 영어 • 정성 평가기준 : 자기소개서					

구분(점)	정량평가			정성평가	계
	교육시항	자격사항	영어	자기소개서	
경영/행정/사무	-	30	20	50	100
경영/행정/사무(고졸)	20	30	–	50	100
안전 · 정보보안 · 전산	30	20	–	50	100

* 자기소개서 작성 불량자(미기재, 중복기재 등)는 평가대상에서 제외함
* 교육사항 평가 시 경영/행정/사무(고졸)은 석차등급, 안전 · 정보보안 · 전산은 직무교육 수를 평가함
  – 고졸 검정고시의 경우, 전 과목 평균성적을 평가함
* 경영/행정/사무에 한해 공통 자격증(한국사능력, 한국어능력)에 대해 점수를 부여함
* 영어는 TOEIC, TEPS, TOEFL(IBT), OPIc, TOEIC Speaking에 한해 인정함

② 필기전형

구분	평가사항
신입	• 경영/행정/사무(고졸 포함) : 직업기초능력평가(100) • 안전 · 정보보안 · 전산 : 직업기초능력평가(50) + 직무수행능력평가(50) –직업기초능력평가 : 의사소통능력, 수리능력, 문제해결능력, 조직이해능력 등 객관식 평가 –직무수행능력평가 : 직무별 논제에 대한 논술 평가(안전 : 안전공학 일반, 정보보안 : 정보 　보안학 일반, 전산 : 전산학 일반)

③ 면접전형

구분	평가사항
신입	• 1차 면접 : 개별면접(50) + 토론면접(50) – 직업기초능력, 직무수행능력 평가 　※ 1차 면접자를 대상으로 인성검사 실시, 임원면접 시 참고자료로 활용 • 2차 면접: 임원면접(100) – 공단 인재상, 가치관 등 종합적합성 평가

※ 신입 서류전형 정량적 평가사항

㉠ 교육사항

직급	평가기준	배점	평가내용
사무직 5급	직무교육	30점	• 안전 · 정보보안 · 전산 직무에 한해 평가 • 직무 관련 학교교육과 직업교육 수 평가
사무직 6급	학교성적	20점	• [고졸자] 전 학년 석차 평균 등급 평가 • [검정고시] 전 과목 평균 성적 평가

㉡ 자격사항

직급	직무	배점	평가기준	
			직무 관련 자격증	공통 자격증
사무직 5급	경영 / 행정 / 사무	30점	20점	10점
	안전 · 정보보안 · 전산	20점	20점	–
사무직 6급	경영 / 행정 / 사무	30점	20점	10점

• 직무 관련 자격증

직급	직무	자격증명
사무직 5급	경영 행정 사무	전산회계 1급, 회계관리 1급, ERP정보관리사 1급, 컴퓨터활용능력 1급, 세무회계 1·2급, 전산세무 1·2급, 전산회계운용사 1·2급, 사회조사분석사 1·2급, 행정관리사 1·2·3급, 재경관리사, 투자자산운용사, 금융투자분석사, 재무위험관리사, 변호사, 공인노무사, 법무사, 경영지도사, 행정사, 감정평가사, 한국공인회계사, 세무사, AICPA, EA, CFA, 국제FRM, CAIA, 변리사, 보험계리사, 손해사정사, 관세사
	안전	산업안전기사, 건설안전기사, 건설안전기술사, 기계안전기술사
	정보 보안	정보처리기사, 정보보안기사, 국제공인정보시스템보안전문가(CISSP), 국제공인정보시스템감사사(CISA)
	전산	SQL 개발자, SQL 전문가, OCP(Oracle Certified Professional), OCAJP(Oracle Certified Associate Java Programmer), OCPJP(Oracle Certified Professional Java Programmer), 정보처리기사, 전자계산기기사, 전자계산기조직응용기사, 정보통신기사, 정보기술프로젝트관리전문가(IT-PMP), 데이터아키텍처전문가(DAP), 정보관리기술사, 컴퓨터시스템응용기술사, 정보통신기술사, 정보시스템감리사
사무직 6급	경영 행정 사무	전산회계 1·2급, 회계관리 1·2급, ERP정보관리사 1·2급, 컴퓨터활용능력 1·2급, 세무회계 1·2·3급, 전산세무 1·2급, 전산회계운용사 1·2·3급, 사회조사분석사 1·2급, 자산관리사, 펀드투자권유대행인, 펀드투자권유자문인력, 증권투자권유대행인, 증권투자권유자문인력, 재경관리사, 투자자산운용사, 금융투자분석사, 재무위험관리사

• 공통 자격증

직급	직무	한국사능력	한국어능력
사무직 5·6급	경영 / 행정 / 사무	한국사능력검정시험 3급 이상	• 국어능력인증시험 3급 이상 • KBS한국어능력 3+급 이상 • 한국실용글쓰기 준2급 이상

ⓒ 영어

직급	평가기준	배점	평가내용
사무직 5급	영어성적	20점	• 경영/행정/사무 직무에 한해 평가 • 성적에 따른 차등 평가 • 보훈 및 장애인은 별도기준 적용
사무직 6급	–	–	• 별도 평가 없음

(7) 전형일정 및 합격배수

구분		일정
신입	채용 공고	공단 홈페이지 및 알리오 등 게시
	입사지원(서류전형)	채용예정 인원의 50배수 선발 ※ 합격자 확인정보 입력(별도 안내)
	필기전형	장소 : 서울 예정 채용예정 인원의 4배수 선발
	1차(실무) 면접전형	장소 : 서울 예정(인성검사 포함) 채용예정 인원의 2배수 선발
	2차(임원) 면접전형	장소 : 본부(나주) 예정
	신체검사/신원조사	수습기간 3개월

* 각 전형별 평가점수(가산점 포함) 60점 미만인 자는 합격배수에서 제외함
* 전형별 진행 세부내용은 합격자 발표 시 별도 안내하며, 상기 일정 및 장소 등은 공단 사정에 따라 변경될 수 있음

02 공단 관련기사

사학연금, '퇴직급여 사전청구 제도' 실시로 급여 조기 지급

사전청구기간 중 퇴직일 전 언제라도 퇴직 예정 신고와 급여청구를 가능

사립학교교직원연금공단(이사장 주명현, 이하 사학연금)은 교직원의 퇴직이 집중되는 시기에 퇴직이 확정된 정년 퇴직자와 명예퇴직 예정자(2021년 2월말 예정)를 위한 '사전급여 청구제도'를 실시한다고 밝혔다. 이 제도는 사학연금 퇴직예정자가 사전청구기간 중 퇴직일 전 언제라도 퇴직 예정 신고와 급여청구를 가능케 하여 퇴직급여를 신속하게 지급하기 위한 취지로 만들어진 제도이다. 매년 정기 퇴직이 발생하는 2월과 8월 두 차례 실시하고 있으며, 올해는 6월과 12월에도 확대 실시할 예정이다.

이번 사전청구제도 신청대상 교직원은 2021년 2월말 퇴직이 확정된 정년 퇴직자, 명예퇴직자 그리고 일반 퇴직예정자이며, 청구기간은 오는 2월 8일부터 2월 23일까지 진행된다.

사전청구는 인터넷과 우편으로 가능하며, 인터넷 청구는 사학연금 홈페이지(www.tp.or.kr) 공동인증서 로그인 > 신청 > 퇴직급여신청등록을 통해 신청할 수 있다. 우편 청구의 경우 퇴직급여청구서 등 구비서류를 공단으로 발송하여 신청하면 된다. 기타 상세한 내용은 사학연금 홈페이지 공지사항을 통해 확인 가능하다.

사학연금 관계자는 "본인의 학교기관에서 퇴직예정증명서를 발급받고 퇴직급여청구서를 작성하여 제출하되, 급여청구서의 퇴직예정일(퇴직예정증명서의 퇴직일과 동일)과 퇴직사유(정년, 명예, 일반)를 정확히 표기하여야 한다"며, "특히, 명예퇴직 예정 교직원이 명예퇴직수당급여가 있는 경우 '명예퇴직소득 원천징수영수증 사본'을 사학연금에 제출하여야 퇴직소득 합산신고를 할 수 있다"고 말했다.

한편, 사학연금은 외국인 퇴직 교직원의 경우 출국일정 등으로 급여청구를 제때 하지 못하여 퇴직급여를 놓치는 사례를 예방하기 위해, 퇴직일 한 달 전부터 미리 급여청구를 할 수 있는 상시 채널도 운영하고 있다고 전했다.

-2021. 2. 4.

면접질문	• 우리 공단에서 시행하는 '퇴직급여 사전청구 제도'의 필요성에 대해 말해보시오. • 우리 공단에서 시행하는 퇴직급여 사전청구 방법을 알고 있다면 설명해보시오.

사학연금, 2020년도 기금운용수익 사상 첫 2조 1,410억 원 달성

2020년 기금운용수익률 11.49%, 2년 연속 두자리 수 수익률

사립학교교직원연금공단(이사장 주명현, 이하 사학연금)은 2020년도 기금운용 수익률이 11.49%로, 2년 연속 기금운용 수익률 11%대 달성과 사상 첫 2조원을 넘는 운용수익이라는 쾌거를 이루었다고 9일 밝혔다. 사학연금은 2019년 기금운용수익률 11.15%에 이어 2020년 하반기 주식시장 호황 등으로 기금운용수익률이 기준(BM)수익률을 1.19%p를 상회한 11.49%이며, 운용수익은 2조 1,410억 원이 발생하여 창단 이래 최고치를 기록하였다.

이러한 기금운용 성과 등에 힘입어 2019년도 말 20조 7,460억 원이었던 사학연금의 기금규모는 2020년 말 23조 2,376억 원으로, 총 2조 4,916억 원이 증가하였다고 전했다. 사학연금은 신종 코로나 바이러스(코로나19) 대유행으로 지난해 1분기 주식시장의 폭락 속에서 한때 자금운용 손실이 발생하기도 하였으나, 중장기 자산배분 원칙에 따라 보유현금과 유동성을 바탕으로 주식 비중을 확대하는 전략을 펼쳤다.

이후 각국의 글로벌 정책공조 등에 따라 주식시장은 V자 반등에 성공하면서 기금운용 수익률은 빠른 회복세를 보였고, 사학연금은 지속적인 주식 비중확대 전략으로 하반기부터는 BM 대비해 초과수익률을 내는 수준까지 회복했다. 이는 사학연금이 중장기 전략적 자산배분에 충실했던 결과로 저성장 저금리 안전자산인 채권비중 축소와 주식, 대체 등 위험자산의 비중 확대의 성과이다.

특히, 금융자산군 중에서는 단연 주식에서 높은 성과를 보였다. 국내주식의 수익률은 34.43%를, 해외주식은 13.89%라는 높은 성과를 달성하여 최종 주식부문에서 24.10%의 높은 수익률로 BM 수익률을 0.88%p를 초과하였다. 또한 국내대체는 BM 대비 7.65%p를 초과한 12.48% 수익률을 달성했다. 다만, 해외채권과 해외대체는 달러약세로 인해 저조한 운용성과를 기록하였다. 반면, 점진적인 비중 확대를 예상했던 해외 대체투자는 코로나 팬데믹으로 인한 현장실사 등의 어려움에 적극적인 신규 투자 확대가 쉽지 않았다. 그래서 국내 PEF 및 VC운용사 선정 등을 추진하였고, 해외 대체투자는 대부분 블라인드 펀드를 통해 기존 약정된 펀드들에 대한 출자와 일부 추가 출자약정 등을 투자하는 방식으로 선회하였다.

사학연금 관계자는 "올해도 안정적인 기금운용 목표를 달성하기 위해 기존에 수립한 중장기 자산운용전략을 고수하면서 금융시장 상황과 운용여건 변화에 능동적으로 대응하겠다." 며 "해외투자와 대체투자 비중을 지속적으로 확대하는 등 투자 다변화에도 힘쓸 것이다."고 말했다.

-2021. 2. 9.

면접질문	• 우리 공단이 기금운용을 위한 가장 우선시하는 가치가 무엇일지 말해보시오. • 건강한 기금 성장을 위한 우리 공단의 전략 과제에 대해 말해보시오.

PART

II

직업기초능력평가

01 의사소통능력

1 의사소통과 의사소통능력

(1) 의사소통

① 개념 … 사람들 간에 생각이나 감정, 정보, 의견 등을 교환하는 총체적인 행위로, 직장생활에서의 의사소통은 조직과 팀의 효율성과 효과성을 성취할 목적으로 이루어지는 구성원 간의 정보와 지식 전달 과정이라고 할 수 있다.

② 기능 … 공동의 목표를 추구해 나가는 집단 내의 기본적 존재 기반이며 성과를 결정하는 핵심 기능이다.

③ 의사소통의 종류
    ㉠ 언어적인 것 : 대화, 전화통화, 토론 등
    ㉡ 문서적인 것 : 메모, 편지, 기획안 등
    ㉢ 비언어적인 것 : 몸짓, 표징 등

④ 의사소통을 저해하는 요인 … 정보의 과다, 메시지의 복잡성 및 메시지 간의 경쟁, 상이한 직위와 과업지향형, 신뢰의 부족, 의사소통을 위한 구조상의 권한, 잘못된 매체의 선택, 폐쇄적인 의사소통 분위기 등

(2) 의사소통능력

① 개념 … 의사소통능력은 직장생활에서 문서나 상대방이 하는 말의 의미를 파악하는 능력, 자신의 의사를 정확하게 표현하는 능력, 간단한 외국어 자료를 읽거나 외국인의 의사표시를 이해하는 능력을 포함한다.

② 의사소통능력 개발을 위한 방법
    ㉠ 사후검토와 피드백을 활용한다.
    ㉡ 명확한 의미를 가진 이해하기 쉬운 단어를 선택하여 이해도를 높인다.
    ㉢ 적극적으로 경청한다.
    ㉣ 메시지를 감정적으로 곡해하지 않는다.

2 의사소통능력을 구성하는 하위능력

(1) 문서이해능력

① 문서와 문서이해능력

    ㉠ 문서 : 제안서, 보고서, 기획서, 이메일, 팩스 등 문자로 구성된 것으로 상대방에게 의사를 전달하여 설득하는 것을 목적으로 한다.

    ㉡ 문서이해능력 : 직업현장에서 자신의 업무와 관련된 문서를 읽고, 내용을 이해하고 요점을 파악할 수 있는 능력을 말한다.

| 예제 1

다음은 신용카드 약관의 주요내용이다. 규정 약관을 제대로 이해하지 못한 사람은?

> **[부가서비스]**
> 카드사는 법령에서 정한 경우를 제외하고 상품을 새로 출시한 후 1년 이내에 부가서비스를 줄이거나 없앨 수가 없다. 또한 부가서비스를 줄이거나 없앨 경우에는 그 세부내용을 변경일 6개월 이전에 회원에게 알려주어야 한다.
>
> **[중도 해지 시 연회비 반환]**
> 연회비 부과기간이 끝나기 이전에 카드를 중도해지하는 경우 남은 기간에 해당하는 연회비를 계산하여 10 영업일 이내에 돌려줘야 한다. 다만, 카드 발급 및 부가서비스 제공에 이미 지출된 비용은 제외된다.
>
> **[카드 이용한도]**
> 카드 이용한도는 카드 발급을 신청할 때에 회원이 신청한 금액과 카드사의 심사 기준을 종합적으로 반영하여 회원이 신청한 금액 범위 이내에서 책정되며 회원의 신용도가 변동되었을 때에는 카드사는 회원의 이용한도를 조정할 수 있다.
>
> **[부정사용 책임]**
> 카드 위조 및 변조로 인하여 발생된 부정사용 금액에 대해서는 카드사가 책임을 진다. 다만, 회원이 비밀번호를 다른 사람에게 알려주거나 카드를 다른 사람에게 빌려주는 등의 중대한 과실로 인해 부정사용이 발생하는 경우에는 회원이 그 책임의 전부 또는 일부를 부담할 수 있다.

① 혜수 : 카드사는 법령에서 정한 경우를 제외하고는 1년 이내에 부가서비스를 줄일 수 없어.

② 진성 : 카드 위조 및 변조로 인하여 발생된 부정사용 금액은 일괄 카드사가 책임을 지게 돼.

③ 영훈 : 회원의 신용도가 변경되었을 때 카드사가 이용한도를 조정할 수 있어.

④ 영호 : 연회비 부과기간이 끝나기 이전에 카드를 중도 해지하는 경우에는 남은 기간에 해당하는 연회비를 카드사는 돌려줘야 해.

[출제의도]
주어진 약관의 내용을 읽고 그에 대한 상세 내용의 정보를 이해하는 능력을 측정하는 문항이다.
[해설]
② 부정사용에 대해 고객의 과실이 있으면 회원이 그 책임의 전부 또는 일부를 부담할 수 있다.

답 ②

② 문서의 종류

    ⊙ **공문서** : 정부기관에서 공무를 집행하기 위해 작성하는 문서로, 단체 또는 일반회사에서 정부기관을 상대로 사업을 진행할 때 작성하는 문서도 포함된다. 엄격한 규격과 양식이 특징이다.

    ⓒ **기획서** : 아이디어를 바탕으로 기획한 프로젝트에 대해 상대방에게 전달하여 시행하도록 설득하는 문서이다.

    ⓒ **기안서** : 업무에 대한 협조를 구하거나 의견을 전달할 때 작성하는 사내 공문서이다.

    ⓔ **보고서** : 특정한 업무에 관한 현황이나 진행 상황, 연구 · 검토 결과 등을 보고하고자 할 때 작성하는 문서이다.

    ⓜ **설명서** : 상품의 특성이나 작동 방법 등을 소비자에게 설명하기 위해 작성하는 문서이다.

    ⓗ **보도자료** : 정부기관이나 기업체 등이 언론을 상대로 자신들의 정보를 기사화 되도록 하기 위해 보내는 자료이다.

    ⓢ **자기소개서** : 개인이 자신의 성장과정이나, 입사 동기, 포부 등에 대해 구체적으로 기술하여 자신을 소개하는 문서이다.

    ⓞ **비즈니스 레터(E-mail)** : 사업상의 이유로 고객에게 보내는 편지다.

    ⓩ **비즈니스 메모** : 업무상 확인해야 할 일을 메모형식으로 작성하여 전달하는 글이다.

③ **문서이해의 절차** … 문서의 목적 이해→문서 작성 배경 · 수제 파악→정보 확인 및 현안문제 파악→문서 작성자의 의도 파악 및 자신에게 요구되는 행동 분석→목적 달성을 위해 취해야 할 행동 고려→문서 작성자의 의도를 도표나 그림 등으로 요약 · 정리

(2) 문서작성능력

① 작성되는 문서에는 대상과 목적, 시기, 기대효과 등이 포함되어야 한다.

② **문서작성의 구성요소**

    ⊙ 짜임새 있는 골격, 이해하기 쉬운 구조

    ⓒ 객관적이고 논리적인 내용

    ⓒ 명료하고 설득력 있는 문장

    ⓔ 세련되고 인상적인 레이아웃

다음은 들은 내용을 구조적으로 정리하는 방법이다. 순서에 맞게 배열하면?

> ㉠ 관련 있는 내용끼리 묶는다.
> ㉡ 묶은 내용에 적절한 이름을 붙인다.
> ㉢ 전체 내용을 이해하기 쉽게 구조화한다.
> ㉣ 중복된 내용이나 덜 중요한 내용을 삭제한다.

① ㉠㉡㉢㉣   ② ㉠㉡㉣㉢
③ ㉡㉠㉢㉣   ④ ㉡㉠㉣㉢

[출제의도]
음성정보는 문자정보와는 달리 쉽게 잊혀 지기 때문에 음성정보를 구조화 시키는 방법을 묻는 문항이다.

[해설]
내용을 구조적으로 정리하는 방법은 '㉠ 관련 있는 내용끼리 묶는다. → ㉡ 묶은 내용에 적절한 이름을 붙인다. → ㉣ 중복된 내용이나 덜 중요한 내용을 삭제한다. → ㉢ 전체 내용을 이해하기 쉽게 구조화한다.'가 적절하다.

답 ②

③ **문서의 종류에 따른 작성방법**

㉠ **공문서**
- 육하원칙이 드러나도록 써야 한다.
- 날짜는 반드시 연도와 월, 일을 함께 언급하며, 날짜 다음에 괄호를 사용할 때는 마침표를 찍지 않는다.
- 대외문서이며, 장기간 보관되기 때문에 정확하게 기술해야 한다.
- 내용이 복잡할 경우 '-다음-', '-아래-'와 같은 항목을 만들어 구분한다.
- 한 장에 담아내는 것을 원칙으로 하며, 마지막엔 반드시 '끝'자로 마무리 한다.

㉡ **설명서**
- 정확하고 간결하게 작성한다.
- 이해하기 어려운 전문용어의 사용은 삼가고, 복잡한 내용은 도표화 한다.
- 명령문보다는 평서문을 사용하고, 동어 반복보다는 다양한 표현을 구사하는 것이 바람직하다.

㉢ **기획서**
- 상대를 설득하여 기획서가 채택되는 것이 목적이므로 상대가 요구하는 것이 무엇인지 고려하여 작성하며, 기획의 핵심을 잘 전달하였는지 확인한다.
- 분량이 많을 경우 전체 내용을 한눈에 파악할 수 있도록 목차구성을 신중히 한다.
- 효과적인 내용 전달을 위한 표나 그래프를 적절히 활용하고 산뜻한 느낌을 줄 수 있도록 한다.
- 인용한 자료의 출처 및 내용이 정확해야 하며 제출 전 충분히 검토한다.

② 보고서
  - 도출하고자 한 핵심내용을 구체적이고 간결하게 작성한다.
  - 내용이 복잡할 경우 도표나 그림을 활용하고, 참고자료는 정확하게 제시한다.
  - 제출하기 전에 최종점검을 하며 질의를 받을 것에 대비한다.

| 예제 3

다음 중 공문서 작성에 대한 설명으로 가장 적절하지 못한 것은?

① 공문서나 유가증권 등에 금액을 표시할 때에는 한글로 기재하고 그 옆에 괄호를 넣어 숫자로 표기한다.
② 날짜는 숫자로 표기하되 년, 월, 일의 글자는 생략하고 그 자리에 온점(.)을 찍어 표시한다.
③ 첨부물이 있는 경우에는 붙임 표시문 끝에 1자 띄우고 "끝."이라고 표시한다.
④ 공문서의 본문이 끝났을 경우에는 1자를 띄우고 "끝."이라고 표시한다.

[출제의도]
업무를 할 때 필요한 공문서 작성법을 잘 알고 있는지를 측정하는 문항이다.
[해설]
공문서 금액 표시
아라비아 숫자로 쓰고, 숫자 다음에 괄호를 하여 한글로 기재한다.
예) 금 123,456원(금 일십이만삼천 사백오십육원)

답 ①

---

④ 문서작성의 원칙
  ㉠ 문장은 짧고 간결하게 작성한다(간결체 사용).
  ㉡ 상대방이 이해하기 쉽게 쓴다.
  ㉢ 불필요한 한자의 사용을 자제한다.
  ㉣ 문장은 긍정문의 형식을 사용한다.
  ㉤ 간단한 표제를 붙인다.
  ㉥ 문서의 핵심내용을 먼저 쓰도록 한다(두괄식 구성).

⑤ 문서작성 시 주의사항
  ㉠ 육하원칙에 의해 작성한다.
  ㉡ 문서 작성시기가 중요하다.
  ㉢ 한 사안은 한 장의 용지에 작성한다.
  ㉣ 반드시 필요한 자료만 첨부한다.
  ㉤ 금액, 수량, 일자 등은 기재에 정확성을 기한다.
  ㉥ 경어나 단어사용 등 표현에 신경 쓴다.
  ㉦ 문서작성 후 반드시 최종적으로 검토한다.

⑥ 효과적인 문서작성 요령

    ㉠ 내용이해 : 전달하고자 하는 내용과 핵심을 정확하게 이해해야 한다.

    ㉡ 목표설정 : 전달하고자 하는 목표를 분명하게 설정한다.

    ㉢ 구성 : 내용 전달 및 설득에 효과적인 구성과 형식을 고려한다.

    ㉣ 자료수집 : 목표를 뒷받침할 자료를 수집한다.

    ㉤ 핵심전달 : 단락별 핵심을 하위목차로 요약한다.

    ㉥ 대상파악 : 대상에 대한 이해와 분석을 통해 철저히 파악한다.

    ㉦ 보충설명 : 예상되는 질문을 정리하여 구체적인 답변을 준비한다.

    ㉧ 문서표현의 시각화 : 그래프, 그림, 사진 등을 적절히 사용하여 이해를 돕는다.

(3) 경청능력

① 경청의 중요성 … 경청은 다른 사람의 말을 주의 깊게 들으며 공감하는 능력으로 경청을 통해 상대방을 한 개인으로 존중하고 성실한 마음으로 대하게 되며, 상대방의 입장에 공감하고 이해하게 된다.

② 경청을 방해하는 습관 … 짐작하기, 대답할 말 준비하기, 걸러내기, 판단하기, 다른 생각하기, 조언하기, 언쟁하기, 옳아야만 하기, 슬쩍 넘어가기, 비위 맞추기 등

③ 효과적인 경청방법

    ㉠ 준비하기 : 강연이나 프레젠테이션 이전에 나누어주는 자료를 읽어 미리 주제를 파악하고 등장하는 용어를 익혀둔다.

    ㉡ 주의 집중 : 말하는 사람의 모든 것에 집중해서 적극적으로 듣는다.

    ㉢ 예측하기 : 다음에 무엇을 말할 것인가를 추측하려고 노력한다.

    ㉣ 나와 관련짓기 : 상대방이 전달하고자 하는 메시지를 나의 경험과 관련지어 생각해 본다.

    ㉤ 질문하기 : 질문은 듣는 행위를 적극적으로 하게 만들고 집중력을 높인다.

    ㉥ 요약하기 : 주기적으로 상대방이 전달하려는 내용을 요약한다.

    ㉦ 반응하기 : 피드백을 통해 의사소통을 점검한다.

예제 4

다음은 면접스터디 중 일어난 대화이다. 민아의 고민을 해소하기 위한 조언으로 가장 적절한 것은?

> 지섭 : 민아씨, 어디 아파요? 표정이 안 좋아 보여요.
>
> 민아 : 제가 원서 넣은 공단이 내일 면접이어서요. 그동안 스터디를 통해서 면접 연습을 많이 했는데도 벌써부터 긴장이 되네요.
>
> 지섭 : 민아씨는 자기 의견도 명확히 피력할 줄 알고 조리 있게 설명을 잘 하시니 걱정 안하셔도 될 것 같아요. 아, 손에 꼭 쥐고 계신 건 뭔가요?
>
> 민아 : 아, 제가 예상 답변을 정리해서 모아둔거에요. 내용은 거의 외웠는데 이렇게 쥐고 있지 않으면 불안해서
>
> 지섭 : 그 정도로 준비를 철저히 하셨으면 걱정할 이유 없을 것 같아요.
>
> 민아 : 그래도 압박면접이거나 예상치 못한 질문이 들어오면 어떻게 하죠?
>
> 지섭 : _____

① 시선을 적절히 처리하면서 부드러운 어투로 말하는 연습을 해보는 건 어때요?
② 공식적인 자리인 만큼 옷차림을 신경 쓰는 게 좋을 것 같아요.
③ 당황하지 말고 질문자의 의도를 잘 파악해서 침착하게 대답하면 되지 않을까요?
④ 예상 질문에 대한 답변을 좀 더 정확하게 외워보는 건 어떨까요?

[출제의도]
상대방이 하는 말을 듣고 질문 의도에 따라 올바르게 답하는 능력을 측정하는 문항이다.
[해설]
민아는 압박질문이나 예상치 못한 질문에 대해 걱정을 하고 있으므로 침착하게 대응하라고 조언을 해주는 것이 좋다.

답 ③

(4) 의사표현능력

① 의사표현의 개념과 종류

ㄱ 개념 : 화자가 자신의 생각과 감정을 청자에게 음성언어나 신체언어로 표현하는 행위이다.

ㄴ 종류

- 공식적 말하기 : 사전에 준비된 내용을 대중을 대상으로 말하는 것으로 연설, 토의, 토론 등이 있다.
- 의례적 말하기 : 사회·문화적 행사에서와 같이 절차에 따라 하는 말하기로 식사, 주례, 회의 등이 있다.
- 친교적 말하기 : 친근한 사람들 사이에서 자연스럽게 주고받는 대화 등을 말한다.

② 의사표현의 방해요인

ㄱ 연단공포증 : 연단에 섰을 때 가슴이 두근거리거나 땀이 나고 얼굴이 달아오르는 등의 현상으로 충분한 분석과 준비, 더 많은 말하기 기회 등을 통해 극복할 수 있다.

ⓛ 말 : 말의 장단, 고저, 발음, 속도, 쉼 등을 포함한다.

ⓒ 음성 : 목소리와 관련된 것으로 음색, 고저, 명료도, 완급 등을 의미한다.

ⓔ 몸짓 : 비언어적 요소로 화자의 외모, 표정, 동작 등이다.

ⓜ 유머 : 말하기 상황에 따른 적절한 유머를 구사할 수 있어야 한다.

③ 상황과 대상에 따른 의사표현법

ⓖ 잘못을 지적할 때 : 모호한 표현을 삼가고 확실하게 지적하며, 당장 꾸짖고 있는 내용에만 한정한다.

ⓛ 칭찬할 때 : 자칫 아부로 여겨질 수 있으므로 센스 있는 칭찬이 필요하다.

ⓒ 부탁할 때 : 먼저 상대방의 사정을 듣고 응하기 쉽게 구체적으로 부탁하며 거절을 당해도 싫은 내색을 하지 않는다.

ⓔ 요구를 거절할 때 : 먼저 사과하고 응해줄 수 없는 이유를 설명한다.

ⓜ 명령할 때 : 강압적인 말투보다는 '○○을 이렇게 해주는 것이 어떻겠습니까?'와 같은 식으로 부드럽게 표현하는 것이 효과적이다.

ⓗ 설득할 때 : 일방적으로 강요하기보다는 먼저 양보해서 이익을 공유하겠다는 의지를 보여주는 것이 좋다.

ⓢ 충고할 때 : 충고는 가장 최후의 방법이다. 반드시 충고가 필요한 상황이라면 예화를 들어 비유적으로 깨우쳐주는 것이 바람직하다.

ⓞ 질책할 때 : 샌드위치 화법(칭찬의 말 + 질책의 말 + 격려의 말)을 사용하여 청자의 반발을 최소화 한다.

예제 5

당신은 팀장님께 업무 지시내용을 수행하고 결과물을 보고 드렸다. 하지만 팀장님께서는 "최대리 업무를 이렇게 처리하면 어떡하나? 누락된 부분이 있지 않은가."라고 말하였다. 이에 대해 당신이 행할 수 있는 가장 부적절한 대처 자세는?

① "죄송합니다. 제가 잘 모르는 부분이라 이수혁 과장님께 부탁을 했는데 과장님께서 실수를 하신 것 같습니다."

② "주의를 기울이지 못해 죄송합니다. 어느 부분을 수정보완하면 될까요?"

③ "지시하신 내용을 제가 충분히 이해하지 못하였습니다. 내용을 다시 한 번 여쭤보아도 되겠습니까?"

④ "부족한 내용을 보완하는 자료를 취합하기 위해서 하루정도가 더 소요될 것 같습니다. 언제까지 재작성하여 드리면 될까요?"

[출제의도]
상사가 잘못을 지적하는 상황에서 어떻게 대처해야 하는지를 묻는 문항이다.
[해설]
상사가 부탁한 지시사항을 다른 사람에게 부탁하는 것은 옳지 못하며 설사 그렇다고 해도 그 일의 과오에 대해 책임을 전가하는 것은 지양해야 할 자세이다.

답 ①

④ 원활한 의사표현을 위한 지침

    ㉠ 올바른 화법을 위해 독서를 하라.

    ㉡ 좋은 청중이 되라.

    ㉢ 칭찬을 아끼지 마라.

    ㉣ 공감하고, 긍정적으로 보이게 하라.

    ㉤ 겸손은 최고의 미덕임을 잊지 마라.

    ㉥ 과감하게 공개하라.

    ㉦ 뒷말을 숨기지 마라.

    ㉧ 첫마디 말을 준비하라.

    ㉨ 이성과 감성의 조화를 꾀하라.

    ㉩ 대화의 룰을 지켜라.

    ㉪ 문장을 완전하게 말하라.

⑤ 설득력 있는 의사표현을 위한 지침

    ㉠ 'Yes'를 유도하여 미리 설득 분위기를 조성하라.

    ㉡ 대비 효과로 분발심을 불러 일으켜라.

    ㉢ 침묵을 지키는 사람의 참여도를 높여라.

    ㉣ 여운을 남기는 말로 상대방의 감정을 누그러뜨리라.

    ㉤ 하던 말을 갑자기 멈춤으로써 상대방의 주의를 끌어라.

    ㉥ 호칭을 바꿔서 심리적 간격을 좁혀라.

    ㉦ 끄집어 말하여 자존심을 건드러라.

    ㉧ 정보전달 공식을 이용하여 설득하라.

    ㉨ 상대방의 불평이 가져올 결과를 강조하라.

    ㉩ 권위 있는 사람의 말이나 작품을 인용하라.

    ㉪ 약점을 보여 주어 심리적 거리를 좁혀라.

    ㉫ 이상과 현실의 구체적 차이를 확인시켜라.

    ㉬ 자신의 잘못도 솔직하게 인정하라.

    ㉭ 집단의 요구를 거절하려면 개개인의 의견을 물어라.

    ⓐ 동조 심리를 이용하여 설득하라.

    ⓑ 지금까지의 노고를 치하한 뒤 새로운 요구를 하라.

    ⓒ 담당자가 대변자 역할을 하도록 하여 윗사람을 설득하게 하라.

    ⓓ 겉치레 양보로 기선을 제압하라.

    ⓔ 변명의 여지를 만들어 주고 설득하라.

    ⓕ 혼자 말하는 척하면서 상대의 잘못을 지적하라.

(5) 기초외국어능력

① 기초외국어능력의 개념과 필요성
  ⊙ 개념 : 기초외국어능력은 외국어로 된 간단한 자료를 이해하거나, 외국인과의 전화응대와 간단한 대화 등 외국인의 의사표현을 이해하고, 자신의 의사를 기초외국어로 표현할 수 있는 능력이다.
  ⓛ 필요성 : 국제화·세계화 시대에 다른 나라와의 무역을 위해 우리의 언어가 아닌 국제적인 통용어를 사용하거나 그들의 언어로 의사소통을 해야 하는 경우가 생길 수 있다.

② 외국인과의 의사소통에서 피해야 할 행동
  ⊙ 상대를 볼 때 흘겨보거나, 노려보거나, 아예 보지 않는 행동
  ⓛ 팔이나 다리를 꼬는 행동
  ⓒ 표정이 없는 것
  ⓡ 다리를 흔들거나 펜을 돌리는 행동
  ⓜ 맞장구를 치지 않거나 고개를 끄덕이지 않는 행동
  ⓗ 생각 없이 메모하는 행동
  ⓢ 자료만 들여다보는 행동
  ⓞ 바르지 못한 자세로 앉는 행동
  ⓩ 한숨, 하품, 신음소리를 내는 행동
  ⓒ 다른 일을 하며 듣는 행동
  ⓚ 상대방에게 이름이나 호칭을 어떻게 부를지 묻지 않고 마음대로 부르는 행동

③ 기초외국어능력 향상을 위한 공부법
  ⊙ 외국어공부의 목적부터 정하라.
  ⓛ 매일 30분씩 눈과 손과 입에 밸 정도로 반복하라.
  ⓒ 실수를 두려워하지 말고 기회가 있을 때마다 외국어로 말하라.
  ⓡ 외국어 잡지나 원서와 친해져라.
  ⓜ 소홀해지지 않도록 라이벌을 정하고 공부하라.
  ⓗ 업무와 관련된 주요 용어의 외국어는 꼭 알아두자.
  ⓢ 출퇴근 시간에 외국어 방송을 보거나, 듣는 것만으로도 귀가 트인다.
  ⓞ 어린이가 단어를 배우듯 외국어 단어를 암기할 때 그림카드를 사용해 보라.
  ⓩ 가능하면 외국인 친구를 사귀고 대화를 자주 나눠 보라.

01 출제예상문제

1 다음 글은 사회보장제도와 국민연금에 관한 내용이다. 다음 글을 읽고 정리한 〈보기〉의 내용 중 빈 칸 ㈎, ㈏에 들어갈 적절한 말이 순서대로 나열된 것은?

> 산업화 이전의 사회에서도 인간은 질병 · 노령 · 장애 · 빈곤 등과 같은 문제를 겪어 왔습니다. 그러나 이 시기의 위험은 사회구조적인 차원의 문제라기보다는 개인적인 문제로 여겨졌습니다. 이에 따라 문제의 해결 역시 사회구조적인 대안보다는 개인이나 가족의 책임 아래에서 이루어졌습니다.
>
> 그러나 산업사회로 넘어오면서 환경오염, 산업재해, 실직 등과 같이 개인의 힘만으로는 해결하기 어려운 각종 사회적 위험이 부각되었고, 부양 공동체 역할을 수행해오던 대가족 제도가 해체됨에 따라, 개인 차원에서 다루어지던 다양한 문제들이 국가개입 필요성이 요구되는 사회적 문제로 대두되기 시작했습니다.
>
> 이러한 다양한 사회적 위험으로부터 모든 국민을 보호하여 빈곤을 해소하고 국민생활의 질을 향상시키기 위해 국가는 제도적 장치를 마련하였는데, 이것이 바로 사회보장제도입니다. 우리나라에서 시행되고 있는 대표적인 사회보장제도는 국민연금, 건강보험, 산재보험, 고용보험, 노인장기요양보험 등과 같은 사회보험제도, 기초생활보장과 의료보장을 주 목적으로 하는 공공부조제도인 국민기초생활보장제도, 그리고 노인 · 부녀자 · 아동 · 장애인 등을 대상으로 제공되는 다양한 사회복지서비스 등이 있습니다. 우리나라의 사회보장제도는 1970년대까지만 해도 구호사업과 구빈정책 위주였으나, 1970년대 후반에 도입된 의료보험과 1988년 실시된 국민연금제도를 통해 그 외연을 확장할 수 있었습니다.
>
> 이처럼 다양한 사회보장제도 중에서 국민연금은 보험원리에 따라 운영되는 대표적인 사회보험제도라고 할 수 있습니다. 즉, 가입자, 사용자로부터 일정액의 보험료를 받고, 이를 재원으로 사회적 위험에 노출되어 소득이 중단되거나 상실될 가능성이 있는 사람들에게 다양한 급여를 제공하는 제도입니다. 국민연금제도를 통해 제공되는 급여에는 노령으로 인한 근로소득 상실을 보전하기 위한 노령연금, 주소득자의 사망에 따른 소득상실을 보전하기 위한 유족연금, 질병 또는 사고로 인한 장기근로능력 상실에 따른 소득상실을 보전하기 위한 장애연금 등이 있으며, 이러한 급여를 지급함으로써 국민의 생활안정과 복지증진을 도모하고자 합니다.

〈보기〉

사회보장 (광의)	사회보장 (협의)	사회보험	건강보험, (가), 고용보험, 노인장기요양보험
			공적연금 – 노령연금, 유족연금, (나)
		공공부조 : 생활보장, 의료보장, 재해보장	
		사회복지서비스 (노인·부녀자·아동·장애인복지 등)	
	관련제도	주택 및 생활환경, 지역사회개발, 공중보건 및 의료	
		영양, 교육, 인구 및 고용대책	

① 연금급여, 사회보험
② 산재보험, 장애연금
③ 사회보험, 연금급여
④ 사회보험, 장애연금

 사회보험의 종류에는 공적연금, 건강보험, 산재보험, 고용(실업)보험, 노인장기요양보험 등이 있으며 공적연금은 다시 노령연금, 유족연금, 장애연금으로 구분되어 있다.

Answer 1.②

2   다음은 사학연금제도를 설명한 글이다. 각 단락의 제목으로 가장 적절하지 않은 것은?

> (가) 사립학교 교직원들도 국·공립학교 교직원들과 마찬가지로 처우에 대한 형평성을 유지하고 교직생활의 안정을 기할 목적으로 1975년에 도입한 사학연금제도는 사회연대성의 원칙과 보험의 원칙을 적용하여 사회정책을 수행하기 위한 사회경제 제도로서 사회보험의 성격을 가진다. 사학연금이 사회보험인 이유는 가입자와 사용자의 보험료 수입을 근간으로 재정을 운영하고 있고, 연금급여의 본질이 보험급여로서의 성격을 가지고 있으며, 급여수준은 보험료 납부기간과 납부수준에 연계되기 때문이다.
>
> (나) 사학연금제도를 운영하기 위하여 소요되는 비용은 그 비용의 예상액과 개인부담금·국가부담금·법인부담금·재해보상부담금 및 그 예정운용 수익금의 합계액이 장래에 있어 균형이 유지되도록 하여야 한다. 이는 연금급여에 소요되는 비용의 조달계획을 설명하는 것으로, 사학연금 재정이 단기보다는 장기적 차원에서 수지균형이 이루어지도록 비용부담률을 결정해야 함을 의미한다.
>
> (다) 사학연금의 경우 갹출형 제도를 채택하여 가입자인 사학교직원과 사용자인 법인 및 국가가 공동으로 비용을 부담한다. 급여에 소요되는 비용을 수익자 부담원칙에 입각하여 가입자가 필요재원의 일정 부분을 담당할 목적으로 갹출금의 일정액을 납입하는 방식을 '갹출형 제도(Contributory Pension Scheme)'라고 한다. 다만, 재해보상급여와 퇴직수당에 소요되는 비용은 재정부담 전액을 고용주가 부담하는 방식인 '비갹출형 제도(Non-Contributory Pension Scheme)' 방식을 취하고 있다.
>
> (라) 연금급여 수준이 사전적으로 결정되는지 혹은 사후적으로 결정되는지에 따라 확정급부형 제도와 확정갹출형 제도로 구분된다. 확정갹출형 제도는 기본적으로 갹출금이 사전에 결정되고 갹출원금과 갹출금 적립 기간 동안에 발생한 투자수익에 기초하여 급여수준이 사후적으로 결정되는 방식이며, 확정급부형 제도는 연금급여 수준이 법령에서 정한 급여산식에 따라 사전적으로 결정되고 급여지출을 충당하기 위한 재원조달이 사후적으로 결정되는 방식이다. 우리나라 공적연금 중 하나인 사학연금도 전형적인 확정급부형 제도를 취하고 있다.

① (가) – 사학연금제도의 성격
② (나) – 재정운영 체계
③ (다) – 갹출형 제도와 비갹출형 제도
④ (라) – 연금급여 설계방식

 (다) 단락에서는 사학연금 제도의 비용부담 방식을 설명하고 있다. '갹출형 제도'와 '비갹출형 제도'에 대한 설명이 중심내용이 아니며, 사학연금 제도에서 경우에 따라 채택하고 있는 비용부담 방식을 '갹출형 제도'와 '비갹출형 제도'로 나누어 설명하는 글이다.

3 다음 네 개의 짧은 단락을 문맥의 흐름에 맞게 바르게 배열한 것은?

> (개) 실제로 주변 선진국 독일의 대응방식의 차이를 보아도, 우리나라와 유사한 환경에 접한 독일은 어려운 사회경제적 변화에 돌입하여 급여삭감 정책이 이어졌고 이미 성숙한 공·사 연금제도가 잘 구비되어 그러한 급여삭감 정책이 노인빈곤에 미치는 영향은 크지 않은 상태이다.
>
> (내) 인구고령화 및 소득양극화에 대한 우리나라의 대응방식에서 우리나라는 노인빈곤위기에 대응하는 대책은 아직 미흡하며, 주로 인구고령화에 대응한 재정안정대책이 그 동안 추진된 연금정책과 개혁의 핵심으로 다루어졌다.
>
> (대) 그럼에도 불구하고 많은 선진 국가는 노인빈곤에 미치는 영향을 최소화하기 위해 재정안정화 개혁 등 다양한 대책을 충분히 마련한다는 점에서 우리와는 다소 차이가 있다.
>
> (래) 이러한 현실에서 우리나라는 사회투자 전략적 관점에서 선진국과 달리 노인빈곤문제와 재정안정 문제를 동시에 해결해야 하는 과제를 가지고 있어 연금급여구조의 개편이 필요하다.

① (내) – (개) – (래) – (대)
② (내) – (래) – (개) – (대)
③ (대) – (래) – (개) – (내)
④ (래) – (내) – (개) – (대)

 제시된 글의 전체적인 주제로 적절한 것은 '우리나라의 새로운 연금정책의 필요성' 정도가 될 것이다. 이를 주장하기 위해서 가장 먼저 위치해야 할 단락은 현 제도상의 문제점을 지적하는 것이 되어야 하며, (내)에서 언급한 내용이 이에 해당된다. (래)는 (내)에서 언급한 사회의 문제점을 해소하기 위한 연금제도의 과제를 보다 구체적으로 제시하고 있다. 또한, 외국의 사례를 (개)에서 언급함으로써 이러한 문제점의 적절성을 뒷받침하고 있으며, 그러한 사례가 우리나라의 제도와 비교되는 점을 지적하여 연금정책 보완의 필요성을 강조하는 것으로 문맥을 매듭짓고 있다. 따라서 (내) – (래) – (개) – (대)의 순서가 가장 자연스러운 문맥의 흐름을 유지한다고 볼 수 있다.

Answer ↪ 2.③ 3.②

4 다음 내용을 참고할 때, 빈 칸 (가)~(라)에 들어갈 수 없는 말은?

> 한국사회는 2000년에 이미 고령화 사회에 진입한 이후, 2012년 노인 인구 비율은
> 10.7%로 불과 10년 사이에 4.1% 증가하였고, 2018년에는 14%를 넘어서게 되었다. 이처럼
> 한국 사회의 인구 고령화에 있어서 가장 심각한 문제는 바로 그 속도이다. 각국에서의 고
> 령화 사회에서 고령사회로의 속도는 프랑스 115년, 미국은 71년, 이탈리아 61년, 일본은
> 24년이 걸렸던 것이 한국사회는 출산율저하와 함께 18년 정도 걸릴 것으로 예상된다는 점
> 이다. 이런 속도로 인해 한국사회의 심각한 문제는 노인의 노후보장 즉, 빈곤문제를 대처
> 할 준비시간이 부족하다는 것이다.
>
> 국민의 평균수명 연장과 노령기가 점차 연장되면서 일반 국민을 대상으로 하여 소득보
> 장 및 노후보장을 위한 가장 기본적이고도 핵심적인 삶과 생활을 보장할 새로운 사회보험
> 제도의 도입을 요청하게 되었다. 이런 시대적 상황에서 도입이 된 공적연금제도가 국민연
> 금제도이다.
>
> 우리나라의 국민연금은 가입이 강제적이고 급여가 획일적으로 정해져 있으나 가입자에
> 게 노령, 폐질, 사망이란 사회적 위험이 발생한 경우 가입자의 보험료를 주된 재원으로
> 하여 가입자 또는 유족에게 법으로 정해진 급여를 지급하여 장기적으로 소득보장을 함으
> 로써 사회경제적 안전을 부여하는 공적연금제도이다.
>
> 공적연금은 사회보험으로서 법률에 정한 위험이 발생하였을 때 정부 또는 그 감독을 받
> 는 기관에 의해 운영되는 위험 분산 장치이며 금전적 급여가 자동적으로 지급되는 사회보
> 장프로그램이다. 베버리지의 '사회보험 및 관련서비스'(Social Insurance and Allied
> Service)라는 보고서에 의하면, 특정의 실업, 질병, 사고, 노령, 사망, 예외적 지출과 같
> 은 위기상황(contingencies)에서 금전적 혜택을 제공하여 대처하기 위한 사회보장이 사회
> 보험이라고 하였다.
>
> 따라서 공적연금제도의 원칙으로는 첫째, ((가)   ), 둘째, ((나)   ), 셋째,
> ((다)   ), 넷째, ((라)   )는 점을 들 수 있다. 그리고 급여가 충족되지 못하여
> 이의가 있을 때에는 법원에 청구할 수 있어야 한다. 우리나라의 국민연금은 이러한 원칙
> 을 가진 공적연금 중의 하나이다.

① 수혜자가 원하는 소득대체율이 보장되어야 한다.
② 연금제도의 수혜권리가 명백히 규정되어야 한다.
③ 급여는 과거의 소득과 기여금에 근거해야 한다.
④ 가입대상은 강제적이어야 한다.

 공적연금으로서의 국민연금 제도의 특징을 설명하고 있는 글이다. 소득대체율은 지급받는
연금이 수혜자의 소득을 얼마나 대체할 수 있는지를 나타내는 환산비율로, 연금 보험료를
근거로 정책적으로 산정되는 것이므로 수혜자가 원하는 수준의 소득대체율이 반드시 보장
되어야 하는 특징을 지닌 제도는 아니다.
한편, 제시글에서도 밝히고 있는 바와 같이, 국민연금제도는 가입이 강제적이며, 저소득층
이나 취약 계층에 차별적인 요율 적용 등의 혜택이 주어지고 있다. 또한 보험급여는 소득
과 재산 수준에 근거하여 산출되며 이에 대한 수혜권리가 명백히 규정되어 정해진 절차에
따라 가입자가 공평하게 혜택을 받는 사회보장프로그램의 일환으로 운영되고 있다.

5 다음은 사학연금공단에서 운영하는 공적연금 연계제도에 관한 설명이다. 공적연금 연계제도에 대해 잘못 이해한 사람은 누구인가?

공적연금 연계제도는 국민연금과 직역연금의 연금을 수령하기 위한 최소가입기간을 채우지 못하고 이동하는 경우, 종전에는 각각 일시금으로만 받던 것을 연계를 통해 연금을 받을 수 있도록 하여 국민의 노후 생활을 보장하고자 하는 제도이다. 직역연금이란 사립학교교직원연금, 공무원연금, 군인연금, 별정우체국직원연금을 말하며, 연금 수급을 위한 최소 가입기간은 국민연금의 경우 10년, 직역연금의 경우 10년(단, 군인연금은 20년)이다.

연계제도 시행 전	국민연금 10년 미만 가입	사학연금 10년 미만 재직
	⇩	⇩
	국민연금 수급 불가(반환일시금)	사학연금 수급불가(퇴직일시금)

⇩

연계제도 시행 후	국민연금 10년 미만 가입 또는 사학연금 10년 미만 재직
	⇩
	합계 20년 이상일 경우 연금수급가능 (가입기간만큼 연금기관에서 수급)

※ 이미 국민연금 또는 직역연금에서 모두 각각의 연금수급을 위한 최소 가입기간을 충족했을 경우 연계신청 불가→해당 기관에서 각각 연금수급

[연계제도 적용 대상]
원칙적으로 2009. 8. 7. 이후 연금제도 간 이동한 자부터 연계제도가 적용된다. 다만, 적용 특례의 경우도 연계적용 대상에 포함된다.

[연계신청]
해당 연금법상 급여수급권 소멸시효 전까지 신청해야 한다.
• 국민연금 : 60세에 도달한 때부터 5년 이내
• 직역연금 : 퇴직일로부터 5년 이내

[연계신청 기관]
연계대상 기간이 있는 연금기관(사립학교교직원연금공단, 국민연금공단 등) 한 곳에만 신청하면 된다. 단, 연계신청 후에는 취소할 수 없으므로 신중하게 결정해야 한다.

---

① 가영 : 교원으로 취직하면서 사학연금에만 가입했고 올해로 8년째인데, 내년에 그만두게 되면 연금으로 받지는 못하겠구나.

② 나영 : 국민연금에서 사학연금으로 이동한 게 2008년이라 연계신청을 할 수 없을 줄 알았는데, 적용 특례가 있다고 하니 신청할 수 있는지 한 번 알아봐야겠네.

③ 다영 : 군인연금에 가입한 지 11년째에 국민연금으로 이동했으니, 따로 연계신청을 할 수는 없겠구나.

④ 라영 : 현재 사학연금에 가입이 되어 있다면, 65세 미만이라도 연계신청을 못하게 될 수 있네.

Answer ⟶ 4.① 5.③

군인연금의 경우 최소가입기간은 20년이며, 11년차인 '다영'은 최소가입기간을 충족하지 못했으므로 연계신청이 가능하다.

① 합계 20년이 되지 않으므로 연금수급이 불가하다.

② 연계제도 적용 대상에 특례가 있다고 하였다.

④ 사학연금 가입자는 퇴직일로부터 5년 이내에 연계신청 하여야 한다.

6 다음 불만 고객 응대 서비스 매뉴얼을 참고하여 고객과 나눈 대화 중 매뉴얼에 입각한 상담 직원의 적절한 답변이라고 볼 수 없는 것은 어느 것인가?

〈불만 고객 응대 서비스 매뉴얼〉

▲ 경청 – 고객이 불만족한 사유를 듣는다.

　→ 끝까지 전부 듣고 반드시 메모한다.

　　절대로 피하지 않는다.

　　변명하거나 논쟁하지 않는다.

▲ 원인파악 – 불평불만의 원인을 알아야 한다.

　　→ 원인의 파악이 충분치 못하면 불병하는 고객을 납득시킬 수 없으며 그 대책을 세울 수가 없다.

▲ 해결책 강구 – 고객의 불만에 관심을 나타내 고객을 이해하려고 노력한다.

　☞ 담당자가 처리하기 어려운 경우

　　담당 직원 직접 처리 → 책임자가 즉각 처리 → 책임자가 별도 공간에서 처리

　☞ 불만이 심한 경우

　　1. 응대자를 바꾼다. 윗사람을 내세워 다시금 처음부터 들어보고 정중하게 사과한다.

　　2. 장소를 바꾼다. 고객이 큰소리로 불만을 늘어놓게 되면 다른 고객에게도 영향을 미치므로 별도 공간으로 안내하여 편안하게 이야기를 주고받는다.

　　3. 따뜻한 차를 대접하고 시간적 여유를 갖는다. 감정을 이성적으로 바꿀 수 있는 시간도 벌고 불평불만 해소 대응책 강구의 여유도 갖는다.

▲ 불만 해소 – 반드시 성의 있는 태도로 불만을 해소시킨다.

　　→ 감정을 표시하지 않고 조용히 성의 있는 태도로 응대한다.

▲ 종결 – 처리 결과를 알려주고 효과를 검토한다.

　　→ 감정적으로 적당히 처리하여 넘어가는 임시방편이 되어서는 안 되며 반드시 피드백하여 업무에 반영하도록 한다.

① 고객 : 그렇게는 안 된다고 몇 번을 말해야 알아듣겠어요? 어떻게 이런 일처리 방식으로 고객의 요청에 응할 수 있지요?

  직원 : 죄송합니다, 고객님. 그런 방법에 따라주실 수 없는 이유를 설명해 주신다면 제가 다른 방법을 찾아서 권해드려 보겠습니다.

② 고객 : 그럼 내가 이렇게 직접 찾아오기까지 했는데 오늘 안 되면 나한테 어떻게 하라는 겁니까?

  직원 : 고객님께서 내일 점심시간에 필요하신 서류라고 하셨으니 늦어도 내일 오전 10시까지는 반드시 처리해 드리겠습니다. 고객님께서도 서류를 받으신 후에 이상 없으셨는지 저에게 편하신 방법으로 알려주신다면 업무에 큰 도움 되겠습니다.

③ 고객 : 아니, 이봐요. 내가 보니까 은행 마감 시간 전에 일처리를 끝내줄 수 있을 것 같지가 않군요. 처리 시간을 앞당길 수 있도록 책임자를 좀 불러줘야겠어요.

  직원 : 죄송합니다만 고객님, 이 건은 고객님의 상황을 제가 가장 잘 알고 있으니 담당자인 제가 어떻게든 마무리를 지어드리도록 하겠습니다. 잠시만 더 기다려 주세요.

④ 고객 : 아니 도대체 왜 나만 불이익을 당하라는 거지요? 내 얘기는 그렇게 무시해도 됩니까?

  직원 : 고객님, 우선 왜 그러시는지 저에게 차근차근 말씀을 좀 해 주실 수 있으신지요? 고객님의 말씀을 들어보고 제가 처리해 드리도록 하겠습니다.

 고객에게 불친절하거나 불손한 응대법을 사용하고 있지는 않으나, 책임자의 권한으로 보다 신속히 처리될 수 있는 다급한 업무인 경우, 굳이 담당자가 원칙에만 입각하여 경직된 업무 태도를 보이는 것은 매뉴얼의 내용과도 부합되지 않는다고 볼 수 있으므로, 책임자에게 즉각적인 처리를 요청하는 것이 더욱 바람직한 상황이라고 판단할 수 있다.
① 고객의 불평에 직접적으로 대응하기보다 불평의 원인을 찾으려는 바람직한 자세로 볼 수 있다.
② 적절한 업무 처리를 고객에게 통보하고 있으며, 처리결과에 대한 사후 관리까지 신경 쓰는 자세를 보이고 있으므로 바람직하다고 볼 수 있다.
④ 고객의 불만족 사유를 다 들어보려는 태도를 보이고 있으므로 바람직한 경청의 자세라고 할 수 있다.

Answer → 6.③

7 다음은 주간회의를 끝마친 영업팀이 작성한 회의록이다. 다음 회의록을 통해 유추해 볼 수 있는 내용으로 적절하지 않은 것은 어느 것인가?

영업팀 10월 회의록			
회의일시	2019년 10월 11일 10:00~11:30	회의장소	5층 대회의실
참석자	팀장 이하 전 팀원		
회의안건	– 3사분기 실적 분석 및 4사분기 실적 예상 – 본부장/팀장 해외 출장 관련 일정 수정 – 10월 바이어 내방 관련 계약 준비상황 점검 및 체류 일정 점검 – 월말 부서 등반대회 관련 행사 담당자 지정 및 준비사항 확인		
안건별 F/up 사항	– 3사분기 매출 및 이익 부진 원인 분석 보고서 작성(오 과장) – 항공 일정 예약 변경 확인(최 대리) – 법무팀 계약서 검토 상황 재확인(박 대리) – 바이어 일행 체류 일정(최 대리, 윤 사원) → 호텔 예약 및 차량 이동 스케줄 수립 → 업무 후 식사, 관광 등 일정 수립 – 등반대회 진행 담당자 시정(빈 과장, 서 사원) → 참가 인원 파악 → 배정 예산 및 회사 지원 물품 수령 등 유관부서 협조 의뢰 → 이동 계획 수립 및 회식 장소 예약		
협조부서	총무팀, 법무팀, 회계팀		

① 오 과장은 회계팀에 의뢰하여 3사분기 팀 집행 비용에 대한 자료를 확인해 볼 것이다.

② 최 대리와 윤 사원은 바이어 일행의 체류 기간 동안 업무 후 식사 등 모든 일정을 함께 보내게 될 것이다.

③ 윤 사원은 바이어 이동을 위하여 차량 배차 지원을 총무팀에 의뢰할 것이다.

④ 민 과장과 서 사원은 담당한 업무를 수행하기 위하여 회계팀과 총무팀의 협조를 의뢰하게 될 것이다.

최 대리와 윤 사원은 바이어 일행 체류 일정을 수립하는 업무를 담당하게 되었으며, 이것은 적절한 계획 수립을 통하여 일정이나 상황에 맞는 인원을 배치하는 일이 될 것이므로, 모든 일정에 담당자가 동반하여야 한다고 판단할 수는 없다.

① 3사분기 매출 부진 원인 분석 보고서 작성은 오 과장이 담당한다. 따라서 오 과장은 매출과 비용 집행 관련 자료를 회계팀으로부터 입수하여 분석할 것으로 판단할 수 있다.

③ 최 대리와 윤 사원은 바이어 일행의 체류 일정에 대한 업무를 담당하여야 하므로 총무팀에 차량 배차를 의뢰하게 된다.

④ 민 과장과 서 사원은 등반대회 진행을 담당하게 되었으므로 배정된 예산을 수령하기 위하여 회계팀, 회사에서 지원하는 물품을 수령하기 위하여 총무팀의 업무 협조를 의뢰하게 될 것으로 판단할 수 있다.

8 다음은 ○○연금공단에서 실시한 설문조사의 질문 중 일부를 나타낸 것이다. 이를 바탕으로 설문조사의 목적을 바르게 추론한 것을 고르면?

- 공단 홈페이지에 가입한 적이 있으시거나 가입 의사가 있으십니까?
- 홈페이지 개편 시 가장 중점적으로 고려되어야 할 부분은 무엇입니까?
- 경영공시 사이트의 전반적인 이용 편의 및 접근성은 만족하십니까?
- ○○연금 전문지에 대한 전반적인 만족도는 어떻습니까?
- 공단의 홍보 또는 소통 활동에 대한 노력에 대하여 만족하십니까?
- 공단이 운영하는 페이스북에 대하여 알고 계십니까?

---

① ○○연금공단의 홍보 성과 측정

② ○○연금공단 개편 홈페이지 만족도 조사

③ SNS를 통한 공단의 홍보 및 소통 효과

④ ○○연금공단에 대한 인지도 조사

 ○○공단 홈페이지의 내용 및 구성(경영공시 사이트 등), ○○연금 전문지, 공단 운영 페이스북 등 '공단의 홍보 또는 소통활동'에 대해 고객의 입장에서 알고 있는지, 만족도는 어떠한지를 묻는 질문들로 구성되어 있다. 즉, 공단의 홍보 성과에 대해 알기 위해 설문조사를 실시했다고 할 수 있다.

9 다음은 재해복구사업에 관한 내용이다. 이를 이해한 내용으로 옳지 않은 것은?

---

1. 목적 : 풍수해로 인한 수리시설 및 방조제를 신속히 복구하여 안전영농 실현
2. 근거법령 : 자연재해대책법 제46조(재해복구계획의 수립·시행)
3. 사업시행자
   - 복구계획 : 시장·군수 책임 하에 시행
     - 시·군관리 수리시설 : 시장·군수
     - 공사(公社)관리 수리시설 : 공사 사장
   - 하천, 도로, 수리시설, 농경지 복구를 2개 사업 이상 동시에 하여야 할 경우는 시장·군수가 주된 실시자를 지정하여 통합실시 가능
4. 재원 : 국고(70%), 지방비(30%)
   - 국고(70%) : 재해대책예비비(기획재정부) – 피해 발생시 소관부처로 긴급배정
   - 지방비(30%) : 지자체(시·도 및 시·군)별로 재해대책기금 자체 조성
5. 사업(지원) 대상 : 1개소의 피해액이 3천만 원 이상이고, 복구액이 5천만 원 이상인 경우 지원
6. 추진방향
   - 국가재원 부담능력을 고려, 기능복원 원칙을 유지
     - 기능복원사업 : 본래 기능을 유지할 수 있도록 현지여건에 맞추어 복원
     - 개선복구사업 : 피해 발생 원인을 근원적으로 해소하거나 피해 시설의 기능을 개선
   - 모든 사업은 가능한 당해 연도에 마무리 되도록 하고, 규모가 큰 시설은 다음 영농기 이전까지 복구 완료
   - 홍수량 배제능력이 부족한 저수지 등의 주요시설 복구는 개선복구를 원칙
   - 유실·매몰 피해 농경지가 대규모인 곳은 가능한 경지정리사업과 병행하여 복구하고, 도로 및 하천과 농경지가 같은 피해를 입은 지역은 동시 시행계획을 수립하여 종합 개발 방식으로 복구(소관청별 사업비는 구분)
   - 행정절차는 간소화하고 복구공사를 선 착공

---

① 피해액이 3천만 원이고, 복구액이 4천만 원인 경우는 지원대상이 아니다.

② 하천과 농경지 복구의 2개 사업을 동시에 해야 되는 경우에는 통합실시가 가능하다.

③ 재원이 국고인 경우에는 기획재정부가 예산을 배정한다.

④ 국가재원 부담능력을 고려하여 예외 없이 모든 재해복구는 기능복원을 원칙으로 한다.

(Tip) 홍수량 배제능력이 부족한 저수지 등의 주요시설 복구는 개선복구를 원칙으로 한다.

10 다음 글의 내용을 참고할 때, 빈 칸에 들어갈 말로 가장 적절하지 않은 것은?

> 2014년 7월부터 65세 이상 노인의 70%를 대상으로 기초연금제도가 시행되고 있다. 기초연금은 기존 기초노령연금과 비교할 때 급여액이 최대 2배 상향되었고, 이는 기존 2028년으로 예정되어 있었던 급여 인상 스케줄을 약 15년 앞당겼다는 점에서 우리나라의 높은 노인 빈곤 해소 및 노인들의 생활안정에 기여할 것으로 기대되고 있다.
>
> 이러한 기초연금이 제도의 본래 목적을 잘 달성하고 있는지, 또한 기초연금 수급자에게 미치는 영향이나 효과는 어떠한지 제도가 시행된 지 현 시점에서 검토하고 평가할 필요가 있다. 보다 구체적으로는 (   ) 등이 그 예가 될 수 있겠다.
>
> 분석결과, 기초연금 도입을 통해 소득이 증가하고 지출이 증가하는 등 수급자들의 가계경제가 안정되었으며, 이외에도 기초연금은 수급자들에게 생활이 안정되면서 심리적으로도 안정되고 가족들과의 관계에서도 당당함을 느낄 뿐 아니라 사회로부터 존중받는 느낌을 받는 등 긍정적인 역할을 하고 있다는 것을 확인하였다. 또한 수급자들이 느끼는 일상생활에서의 만족과 우울, 행복 수준에 대해서도 긍정적인 영향을 미치고 있었으며 사회적 관계가 더 좋아졌고 미래를 긍정적으로 생각할 수 있도록 도움을 주고 있다는 점을 확인할 수 있었다.

① 노인의 소득이 증가하면서 그에 따라 수급자들의 지출이 증가하였는지

② 기초연금제도에 대한 만족도와 같은 수급자들의 평가는 어떠한지

③ 기초연금이 생활에 얼마나 도움을 주고 있는지

④ 기초연금 수급으로 인해 자녀들의 부양비용이 얼마나 감소되었는지

 기초연금의 본래 목적으로 언급된 것은 '우리나라의 높은 노인 빈곤 해소 및 노인들의 생활안정에 기여'라고 볼 수 있다. 따라서 노인을 부양하고 있는 자녀들의 부양비용 감소 여부를 파악하는 것은 본래의 기초연금의 목적과 직접적인 관계가 있다고 보기 어렵다.

∥11~12∥ 다음은 사학연금공단과 관련한 심사청구에 대한 안내이다. 다음을 보고 이어지는 각 물음에 답하시오.

개요

사립학교교직원연금법에 의한 각종 급여(유족보상금, 직무상요양비, 장해급여, 사망조위금, 재해부조금, 퇴직급여, 유족 급여 등)에 관한 결정, 부담금의 징수, 기타 연금법에 의한 처분 또는 급여에 관하여 이의가 있는 경우에는 권리구제 기구인 「사립학교교직원연금 급여재심위원회」에 그 심사(재심)를 청구할 수 있다.

기간

공단의 처분이 있는 날로부터 180일, 그 사실(처분이 있음)을 안 날로부터 90일 이내에 청구하여야 한다. 다만, 그 기간 내에 정당한 사유로 인하여 심사의 청구를 할 수 없었던 것을 증명하는 경우에는 예외로 한다. 「처분이 있음을 안 날」은 통상적으로 '공단의 처분 문서를 수령한 날'로 보며, 심사청구기간은 제척기간이므로 이 기간이 경과되어 청구서를 제출하는 경우는 본안 심사 전에 각하된다.

절차

심사청구	청구인 : 심사청구서와 심사청구이유서를 작성하여 관리공단에 제출 - 공단의 처분이 있는 날로부터 180일, 그 사실을 안 날(공단의 처분문서 송달일)로부터 90일 이내
⇩	
이송	공단 : 청구인이 제출한 심사청구서와 변명서 및 기타 필요한 서류를 급여재심위원회에 이송(10일 이내)
⇩	
심의	급여재심위원회 : 급여재심위원회에서 심의·의결하여 결정서 송달 - 청구인, 학교기관, 기타관계인, 공단

- 심사청구서는 〈제224호 서식〉을 사용하며, 심사청구이유서는 일정 형식 없이 작성한다.
- 청구인은 심사청구서 및 심사청구이유서와 함께 이와 관련되는 증빙자료를 추가로 제출할 수 있으며, 소속기관 경유 없이 직접 공단에 제출한다.
- 공단을 상대로 소송을 제기할 때에는 행정소송이 아닌 민사소송으로 해야 하며, 급여재심위원회에 심사청구를 하지 않고도 소송을 제기할 수 있다.

11 위의 안내문을 보고 알 수 없는 내용은?

① 청구인이 제출한 서류를 급여재심위원회에 이송하는 주체

② 청구인이 제출하는 추가 증빙자료의 요건

③ 사립학교교직원연금법에서 규정한 급여의 종류

④ 급여재심위원회의 결정서 송달 대상

 증빙자료를 추가로 제출할 수 있다고 규정하고 있을 뿐, 증빙자료의 요건에 대해서는 언급되어 있지 않다.
　① 절차 규정에서 이송 주체는 '공단'임을 알 수 있다.
　③ 안내문 '개요'에 유족보상금, 직무상요양비, 장해급여, 사망조위금, 재해부조금, 퇴직급여, 유족 급여 등 사학연금법에서 규정하고 있는 급여에 대해 언급되어 있다.
　④ 급여재심위원회는 청구인, 학교기관, 기타관계인, 공단에 결정서를 송부하여야 한다.

12 위 안내문을 바탕으로 홈페이지에 올라온 고객의 질문에 대해 답변하려고 한다. 답변 내용으로 옳지 않은 것은?

① Q : 유족보상금 외에 유족 급여에 이의가 있을 경우에도 심사청구가 가능한가요?

　A : 네, 유족 급여에 이의가 있으시면 사립학교교직원연금 급여재심위원회에 심사 청구 가능합니다.

② Q : 심사청구를 할 때 필수적으로 제출해야 하는 서류가 있을까요?

　A : 네, 심사청구서와 심사청구이유서를 제출하여야 합니다.

③ Q : 오늘 공단으로부터 처분 문서를 받았습니다. 이에 이의가 있으면 언제까지 심사 청구가 가능할까요?

　A : 오늘을 기준으로 180일 이내에 청구하셔야 합니다.

④ Q : 증빙자료는 제가 재직하고 있는 학교에 제출하면 될까요?

　A : 아니요, 공단에 직접 제출하시면 됩니다.

 처분이 있음을 알게 된 날로부터 90일 이내에 심사청구 하여야 한다. '처분이 있음을 안 날'은 통상적으로 '공단의 처분 문서를 수령한 날'을 의미한다.

Answer ⟶ 11.② 12.③

13 다음 문서의 내용을 참고할 때, 문서의 제목으로 가장 적절한 것은 어느 것인가?

> □ 워크숍 개요
> • (일시/장소) 2020.3.9.(월), 17:00~19:00 / CS룸(1217호)
> • (참석자) 인사기획실, 대변인실, 의정관실, 관리부서 과장 및 직원 약 25명
> • (주요내용) 혁신 방안 및 자긍심 제고 방안 발표 및 토론
> □ 주요 내용
> 〈발표 내용〉
> • 인사혁신 방안(역량과 성과중심, 예측 가능한 열린 인사)
> • 조직혁신 방안(일하는 방식 개선 및 조직구조 재설계)
> • 내부 소통 활성화 방안(학습동아리, 설문조사, 사장님께 바란다 등)
> • 활력 및 자긍심 제고 방안(상징물품 개선, 휴게실 확충 등)
> 〈토론 내용〉
> • (의미) 신설된 부처라는 관점에서 새로운 업무방식에 대한 고민 필요
> • (일하는 방식) 가족 사랑의 날 준수, 휴가비 공제제도 재검토, 불필요한 회의체 감축 등
> • (내부소통) 임원들의 더 많은 관심 필요, 학습동아리 지원
> • (조직문화) 혁신을 성공케 하는 밑거름으로서 조직문화 개선, 출근하고 싶은 조직 만들기, 직원 사기 진작 방안 모색
> • (기타) 정책연구 용역 활성화, 태블릿 pc 제공 등

① 조직 혁신 워크숍 개최 계획서
② 임직원 간담회 일정 보고서
③ 정책 구상회의 개최 계획서
④ 조직 혁신 워크숍 개최 결과보고서

 문서의 내용에는 워크숍 개최 및 발표, 토론 내용이 요약되어 포함되어 있다. 따라서 담긴 내용이 이미 진행된 후에 작성된 문서이므로 '~계획(보고)서'가 아닌 '결과보고서'가 되어야 할 것이다.
② 특정 행사의 일정만을 보고하는 문서가 아니며, 행사 전체의 내용을 모두 포함하고 있다.

14 다음 설명의 빈 칸 ㉠~㉣에 들어갈 문서의 종류를 알맞게 나열한 것은 어느 것인가?

㉠	• 외부로 전달하는 문서로 '누가, 언제, 어디서, 무엇을, 어떻게'가 정확하게 드러나도록 작성한다. • 이후 내용이 없을 때 반드시 '끝' 자로 마무리한다.
㉡	• 명령문보다 평서문으로 작성하며 소비자가 이해하기 쉽도록 전문용어는 삼가는 것이 좋다. • 복잡한 내용은 도표를 통해 시각화한다.
㉢	• 상대가 요구하는 것이 무엇인지 고려하여 작성한다. • 효과적인 내용 전달을 위해 목차를 체계적으로 구성하며 도표나 그래프를 활용한다. • 업무 진행과정은 구체적으로 제시하며, 핵심사항만 간결하게 작성하며 인용자료일 경우 출처를 밝힌다.
㉣	• 도출하고자 한 핵심 내용을 구체적이고도 간결하게 작성한다.

	㉠	㉡	㉢	㉣
①	설명서	공문서	기획서	보고서
②	공문서	설명서	기획서	보고서
③	공문서	설명서	보고서	기획서
④	보고서	설명서	기획서	공문서

• 공문서 : 정부 행정기관에서 대내적, 혹은 대외적 공무를 집행하기 위해 작성하는 문서를 의미하며, 정부기관이 일반회사·단체로부터 접수하는 문서 및 일반회사에서 정부기관을 상대로 사업을 진행하려고 할 때 작성하는 문서도 포함된다. 엄격한 규격과 양식에 따라 정당한 권리를 가지는 사람이 작성해야 하며 최종 결재권자의 결재가 있어야 문서로서의 기능이 성립된다.

• 설명서 : 대개 상품의 특성이나 사물의 성질과 가치, 작동 방법이나 과정을 소비자에게 설명하는 것을 목적으로 작성한 문서이다. 상품소개서, 제품설명서 등이 이에 해당한다.

• 기획서 : 적극적으로 아이디어를 내고 기획해 하나의 프로젝트를 문서형태로 만들어, 상대방에게 기획의 내용을 전달하여 기획을 시행하도록 설득하는 문서이다.

• 보고서 : 특정한 일에 관한 현황이나 그 진행 상황 또는 연구·검토 결과 등을 보고하고자 할 때 작성하는 문서이다. 영업보고서, 결산보고서, 업무보고서, 출장보고서, 회의보고서 등이 이에 해당된다.

▎15~16 ▎ 다음은 어느 공사의 윤리강령에 관한 일부 내용이다. 이를 보고 물음에 답하시오.

임직원의 기본윤리
- 제4조 : 임직원은 공사의 경영이념과 비전을 공유하고 공사가 추구하는 목표와 가치에 공감하여 창의적인 정신과 성실한 자세로 맡은바 책임을 다하여야 한다.
- 제7조 : 임직원은 직무를 수행함에 있어 공사의 이익에 상충되는 행위나 이해관계를 하여서는 아니 된다.
- 제8조 : 임직원은 직무와 관련하여 사회통념상 용인되는 범위를 넘어 공정성을 저해할 수 있는 금품 및 향응 등을 직무관련자에게 제공하거나 직무관련자로부터 제공받아서는 아니 된다.
- 제12조 : 임직원은 모든 정보를 정당하고 투명하게 취득·관리하여야 하며 회계기록 등의 정보는 정확하고 정직하게 기록·관리하여야 한다.

고객에 대한 윤리
- 제13조 : 임직원은 고객이 공사의 존립이유이며 목표라는 인식하에서 항상 고객을 존중하고 고객의 입장에서 생각하며 고객을 모든 행동의 최우선의 기준으로 삼는다.
- 제14조 : 임직원은 고객의 요구와 기대를 정확하게 파악하여 이에 부응하는 최고의 상품과 최상의 서비스를 제공하기 위해 노력한다.

경쟁사 및 거래업체에 대한 윤리
- 제16조 : 임직원은 모든 사업 및 입무활동을 함에 있어서 제반법규를 준수하고 국내외 상거래관습을 존중한다.
- 제17조 : 임직원은 자유경쟁의 원칙에 따라 시장경제 질서를 존중하고 경쟁사와는 상호존중을 기반으로 정당한 선의의 경쟁을 추구한다.
- 제18조 : 임직원은 공사가 시행하는 공사·용역·물품구매 등의 입찰 및 계약체결 등에 있어서 자격을 구비한 모든 개인 또는 단체에게 평등한 기회를 부여한다.

임직원에 대한 윤리
- 제19조 : 공사는 임직원에 대한 믿음과 애정을 가지고 임직원 개개인을 존엄한 인격체로 대하며, 임직원 개인의 종교적·정치적 의사와 사생활을 존중한다.
- 제20조 : 공사는 교육 및 승진 등에 있어서 임직원 개인의 능력과 자질에 따라 균등한 기회를 부여하고, 성과와 업적에 대해서는 공정하게 평가하고 보상하며, 성별·학력·연령·종교·출신지역·장애 등을 이유로 차별하거나 우대하지 않는다.
- 제21조 : 공사는 임직원의 능력개발을 적극 지원하여 전문적이고 창의적인 인재로 육성하고, 임직원의 독창적이고 자율적인 사고와 행동을 촉진하기 위하여 모든 임직원이 자유롭게 제안하고 의사표현을 할 수 있는 여건을 조성한다.

---

15 공사의 윤리강령을 보고 이해한 내용으로 가장 적절하지 않은 것은?

① 윤리강령은 윤리적 판단의 기준을 임직원에게 제공하기 위해 작성되었다.

② 국가와 사회에 대한 윤리는 위의 윤리강령에 언급되지 않았다.

③ 임직원이 지켜야 할 행동 기준뿐만 아니라 공사가 임직원을 어떻게 대해야 하는지에 관한 윤리도 포함되었다.

④ 강령에 저촉된 행위를 한 임직원에 대하여는 징계 조치를 취할 수 있다.

 ④ 윤리강령을 나열하였을 뿐, 징계 조치에 관한 부분은 나와 있지 않다.

16 위의 '임직원의 기본윤리' 중 언급되지 않은 항목은?

① 이해충돌 회피

② 부당이득 수수금지

③ 투명한 정보관리

④ 자기계발

 제4조는 책임완수, 제7조는 이해충돌 회피, 제8조는 부당이득 수수금지, 제12조는 투명한 정보관리에 관한 내용이다. 자기계발에 관한 부분은 언급되지 않았다.

Answer ↳ 15.④ 16.④

17 다음은 어느 공사의 윤리헌장이다. 밑줄 친 단어를 한자로 바꾸어 쓴 것으로 옳지 않은 것은?

> 우리 공사는 신뢰와 존경받는 일등 공기업으로서 새롭게 100년의 역사를 만들기 위하여 모든 임직원은 올바른 행동과 가치판단의 기준으로 아래와 같이 윤리헌장을 제정하고 <u>실천</u>을 다짐한다.
> 하나, 윤리적 기준과 원칙이 모든 경영 활동의 기본이 되고 의사결정의 <u>기초</u>가 된다.
> 하나, 국내외 법규와 국제협약을 준수한다.
> 하나, 임직원의 <u>존엄성</u>과 다양성을 존중한다.
> 하나, 개인의 이해를 초월하여 공사의 <u>이익</u>을 추구한다.
> 하나, 고객만족을 실천하고 협력업체와 상생을 추구한다.
> 하나, 기업시민으로서 지켜야 할 의무와 책임을 다한다.
> 하나, 지속가능경영을 위한 글로벌 스탠다드를 준수한다.

① 실천 － 實踐
② 기초 － 基礎
③ 존엄성 － 尊嚴性
④ 이익 － 李瀷

(Tip) ④ '이익'은 한자로 '利益'으로 써야 한다.

18 다음은 A 출판사 B 대리의 업무보고서이다. 이 업무보고서를 통해 알 수 있는 내용이 아닌 것은?

업무 내용	비고
09:10~10:00 [실내 인테리어] 관련 신간 도서 저자 미팅	※ 외주 업무 진행 보고
10:00~12:30 시장 조사(시내 주요 서점 방문)	1. [보세사] 원고 도착
12:30~13:30 점심식사	2. [월간 무비스타] 영화평론 의뢰
13:30~17:00 시장 조사 결과 분석 및 보고서 작성	
17:00~18:00 영업부 회의 참석	※ 중단 업무
※ 연장근무	1. [한국어교육능력] 기출문제 분석
1. 문화의 날 사내 행사 기획 회의	2. [관광통역안내사] 최종 교정

① B 대리는 A 출판사 영업부 소속이다.

② [월간 무비스타]에 실리는 영화평론은 A 출판사 직원이 쓴 글이 아니다.

③ B 대리는 시내 주요 서점을 방문하고 보고서를 작성하였다.

④ A 출판사에서는 문화의 날에 사내 행사를 진행할 예정이다.

 ① B 대리가 영업부 회의에 참석한 것은 사실이나, 해당 업무보고서만으로 A 출판사 영업부 소속이라고 단정할 수는 없다.

|19~20| 다음은 어느 회사 약관의 일부이다. 약관을 읽고 물음에 답하시오.

제6조(보증사고)

① 보증사고라 함은 아래에 열거된 보증사고 사유 중 하나를 말합니다.

    1. 보증채권자가 전세계약기간 종료 후 1월까지 정당한 사유 없이 전세보증금을 반환받지 못하였을 때

    2. 전세계약 기간 중 전세목적물에 대하여 경매 또는 공매가 실시되어, 배당 후 보증채권자가 전세보증금을 반환받지 못하였을 때

② 제1항 제1호의 보증사고에 있어서는 전세계약기간이 갱신(묵시적 갱신을 포함합니다)되지 않은 경우에 한합니다.

제7조(보증이행 대상이 아닌 채무)

보증회사는 다음 각 호의 어느 하나에 해당하는 사유가 있는 경우에는 보증 채무를 이행하지 아니합니다.

    1. 천재지변, 전쟁, 내란 기타 이와 비슷한 사정으로 주채무자가 전세계약을 이행하지 못함으로써 발생한 채무

    2. 주채무자의 전세보증금 반환의무 지체에 따른 이자 및 지연손해금

    3. 주채무자가 실제 거주하지 않는 명목상 임차인 등 정상계약자가 아닌 자에게 부담하는 채무

    4. 보증채권자가 보증채무이행을 위한 청구서류를 제출하지 아니하거나 협력의무를 이행하지 않는 등 보증채권자의 책임 있는 사유로 발생하거나 증가된 채무 등

제9조(보증채무 이행청구시 제출서류)

① 보증채권자가 보증채무의 이행을 청구할 때에는 보증회사에 다음의 서류를 제출하여야 합니다.

    1. 보증채무이행청구서

    2. 신분증 사본

    3. 보증서 또는 그 사본(보증회사가 확인 가능한 경우에는 생략할 수 있습니다)

    4. 전세계약이 해지 또는 종료되었음을 증명하는 서류

    5. 명도확인서 또는 퇴거예정확인서

    6. 배당표 등 전세보증금 중 미수령액을 증명하는 서류(경·공매시)

    7. 회사가 요구하는 그 밖의 서류

② 보증채권자는 보증회사로부터 전세계약과 관계있는 서류사본의 교부를 요청받은 때에는 이에 응하여야 합니다.

③ 보증채권자가 제1항 내지 제2항의 서류 중 일부를 누락하여 이행을 청구한 경우 보증회사는 서면으로 기한을 정하여 서류보완을 요청할 수 있습니다.

제18조(분실·도난 등)

보증채권자는 이 보증서를 분실·도난 또는 멸실한 경우에는 즉시 보증회사에 신고하여야 합니다. 만일 신고하지 아니함으로써 일어나는 제반 사고에 대하여 보증회사는 책임을 부담하지 아니합니다.

19 이 회사의 사원 L은 약관을 읽고 질의응답에 답변을 했다. 질문에 대한 답변으로 옳지 않은 것은?

① Q : 2년 전세 계약이 만료되고 묵시적으로 계약이 연장되었는데, 이 경우도 보증사고에 해당하는 건가요?

    A : 묵시적으로 전세계약기간이 갱신된 경우에는 보증사고에 해당하지 않습니다.

② Q : 보증서를 분실하였는데 어떻게 해야 하나요?

    A : 즉시 보증회사에 신고하여야 합니다. 그렇지 않다면 제반 사고에 대하여 보증회사는 책임지지 않습니다.

③ Q : 주채무자가 전세보증금 반환의무를 지체하는 바람에 생긴 지연손해금도 보증회사에서 이행하는 건가요?

    A : 네. 주채무자의 전세보증금 반환의무 지체에 따른 이자 및 지연손해금도 보증 채무를 이행하고 있습니다.

④ Q : 보증회사에 제출해야 하는 서류는 어떤 것들이 있나요?

    A : 보증채무이행청구서, 신분증 사본, 보증서 또는 그 사본, 전세계약이 해지 또는 종료되었음을 증명하는 서류, 명도확인서 또는 퇴거예정확인서, 배당표 등 전세보증금중 미수령액을 증명하는 서류(경·공매시) 등이 있습니다.

 ③ 주채무자의 전세보증금 반환의무 지체에 따른 이자 및 지연손해금은 보증 채무를 이행하지 아니한다(제7조 제2호).

20 다음과 같은 상황이 발생하여 적용되는 약관을 찾아보려고 한다. 적용되는 약관의 조항과 그에 대한 대응방안으로 옳은 것은?

> 보증채권자인 A는 보증채무 이행을 청구하기 위하여 보증채무이행청구서, 신분증 사본, 보증서 사본, 명도확인서를 제출하였다. 이를 검토해 보던 사원 L은 A가 전세계약이 해지 또는 종료되었음을 증명하는 서류를 제출하지 않은 것을 알게 되었다. 이 때, 사원 L은 어떻게 해야 하는가?

① 제9조 제2항, 청구가 없었던 것으로 본다.
② 제9조 제2항, 기간을 정해 서류보완을 요청한다.
③ 제9조 제3항, 청구가 없었던 것으로 본다.
④ 제9조 제3항, 기간을 정해 서류보완을 요청한다.

 보증채권자가 서류 중 일부를 누락하여 이행을 청구한 경우 보증회사는 서면으로 기한을 정하여 서류보완을 요청할 수 있다.

Answer → 19.③ 20.④

┃21~22┃ 다음은 어느 공항의 〈교통약자 공항이용안내〉의 일부이다. 이를 읽고 물음에 답하시오.

패스트트랙
- Fast Track을 이용하려면 교통약자(보행장애인, 7세 미만 유소아, 80세 이상 고령자, 임산부, 동반 여객 2인 포함)는 본인이 이용하는 항공사의 체크인카운터에서 이용대상자임을 확인 받고 'Fast Track Pass'를 받아 Fast Track 전용출국장인 출국장 1번, 6번 출국장입구에서 여권과 함께 제시하면 됩니다.
- 인천공항 동편 전용출국통로(Fast Track, 1번 출국장), 오전7시 ~ 오후7시까지 운영 중이며, 운영상의 미비점을 보완하여 정식운영(동·서편, 전 시간 개장)을 개시할 예정에 있습니다.

휠체어 및 유모차 대여
공항 내 모든 안내데스크에서 휠체어 및 유모차를 필요로 하는 분께 무료로 대여하여 드리고 있습니다.

장애인 전용 화장실
- 여객터미널 내 화장실마다 최소 1실의 장애인 전용화장실이 있습니다.
- 장애인분들의 이용 편의를 위하여 넓은 출입구와 내부공간, 버튼식자동문, 비상벨, 센서작동 물내림 시설을 설치하였으며 항상 깨끗하게 관리하여 편안한 공간이 될 수 있도록 하고 있습니다.

주차대행 서비스
- 공항에서 허가된 주차대행 서비스(유료)를 이용하시면 보다 편리하고 안전하게 차량을 주차하실 수 있습니다.
- 경차, 장애인, 국가유공자의 경우 할인된 금액으로 서비스를 이용하실 수 있습니다.

장애인 주차 요금 할인
주차장 출구의 유인부스를 이용하는 장애인 차량은 장애인증을 확인 후 일반주차요금의 50%를 할인하여 드리고 있습니다.

휠체어 리프트 서비스
- 장기주차장에서 여객터미널까지의 이동이 불편한 장애인, 노약자 등 교통약자의 이용 편의 증진을 위해 무료 이동 서비스를 제공하여 드리고 있습니다.
- 여객터미널↔장기주차장, 여객터미널↔화물터미널행의 모든 셔틀버스에 휠체어 탑승리프트를 설치, 편안하고 안전하게 모시고 있습니다.

21 다음 교통약자를 위한 서비스 중 무료로 이용할 수 있는 서비스만으로 묶인 것은?

① 주차대행 서비스, 장애인 전용 화장실 이용

② 장애인 차량 주차, 휠체어 및 유모차 대여

③ 휠체어 및 유모차 대여, 휠체어 리프트 서비스

④ 휠체어 및 유모차 대여, 주차대행 서비스

 ①④ 주차대행 서비스가 유료이다.
② 장애인 차량은 장애인증 확인 후 일반주차요금의 50%가 할인된다.

22 Fast Track 이용 가능한 교통약자가 아닌 사람은?

① 80세 고령자

② 임산부

③ 보행장애인

④ 8세 아동

 Fast Track 이용 가능한 교통약자는 보행장애인, 7세 미만 유소아, 80세 이상 고령자, 임산부, 동반여객 2인이다.

23 다음 자료는 H전자 50주년 기념 프로모션에 대한 안내문이다. 안내문을 보고 이해한 내용으로 틀린 사람을 모두 고른 것은?

H전자 50주년 기념행사 안내

　50년이라는 시간동안 저희 H전자를 사랑해주신 고객여러분들께 감사의 마음을 전하고자 아래와 같이 행사를 진행합니다. 많은 이용 부탁드립니다.

– 아래 –

1. 기간 : 20××년 12월 1일~ 12월 15일
2. 대상 : 전 구매고객
3. 내용 : 구매 제품별 혜택 상이

제품명		혜택	비고
노트북	H-100	• 15% 할인 • 2년 무상 A/S • 사은품 : 노트북 파우치 or 5GB USB(택1)	현금결제 시 할인 금액의 5% 추가 할인
	H-105		
세탁기	H 휘롬	• 20% 할인 • 사은품 : 세제 세트, 고급 세탁기커버	전시상품 구매 시 할인 금액의 5% 추가 할인
TV	스마트 H TV	• 46in 구매시 LED TV 21.5in 무상 증정	
스마트폰	H-Tab20	• 10만 원 할인(H카드 사용 시) • 사은품 : 샤오밍 10000mAh 보조배터리	–
	H-V10	• 8만 원 할인(H카드 사용 시) • 사은품 : 샤오밍 5000mAh 보조배터리	–

4. 기타 : 기간 내에 H카드로 매장 방문 20만 원 이상 구매고객에게 1만 서비스 포인트를 더 드립니다.
5. 추첨행사 안내 : 매장 방문고객 모두에게 추첨권을 드립니다(1인 1매).

등수	상품
1등상(1명)	H캠-500D
2등상(10명)	샤오밍 10000mAh 보조배터리
3등상(500명)	스타베네 상품권(1만 원)

※ 추첨권 당첨자는 20××년 12월 25일 www.H-digital.co.kr에서 확인하실 수 있습니다.

　㉠ 수미 : H-100 노트북을 현금으로 사면 20%나 할인 받을 수 있구나.
　㉡ 병진 : 스마트폰 할인을 받으려면 H카드가 있어야 해.
　㉢ 지수 : 46in 스마트 H TV를 사면 같은 기종의 작은 TV를 사은품으로 준대.
　㉣ 효정 : H전자에서 할인 혜택을 받으려면 H카드나 현금만 사용해야 하나봐.

① 수미

② 병진, 지수

③ 수미, 효정

④ 수미, 지수, 효정

 ㉠ 15% 할인 후 가격에서 5%가 추가로 할인되는 것이므로 20%보다 적게 할인된다.
㉡ 위 안내문과 일치한다.
㉢ 같은 기종이 아닌 LED TV가 증정된다.
㉣ 노트북, 세탁기, TV는 따로 H카드를 사용해야 한다는 항목이 없으므로 옳지 않다.

24 다음은 고령화 시대의 노인 복지 문제라는 제목으로 글을 쓰기 위해 수집한 자료이다. 자료를 모두 종합하여 설정할 수 있는 논지 전개 방향으로 가장 적절한 것은?

㉠ 노령화 지수 추이(통계청)

연도	1990	2000	2010	2020	2030
노령화 지수	20.0	34.3	62.0	109.0	186.6

※ 노령화 지수 : 유년인구 100명당 노령인구

㉡ 경제 활동 인구 한 명당 노인 부양 부담이 크게 증가할 것으로 예상된다. 노인 인구에 대한 의료비 증가로 건강 보험 재정도 위기 상황에 처할 수 있을 것으로 보인다. 향후 노인 요양 시설 및 재가(在家) 서비스를 위해 부담해야 할 투자비용도 막대하다.

– 00월 00일 ○○뉴스 중

㉢ 연금 보험이나 의료 보험 같은 혜택도 중요하지만 우리 같은 노인이 경제적으로 독립할 수 있도록 일자리를 만들어 주는 것이 더 중요한 것 같습니다.

– 정년 퇴직자의 인터뷰 중 –

① 노인 인구의 증가 속도에 맞춰 노인 복지 예산 마련이 시급한 상황이다. 노인 복지 예산을 마련하기 위한 구체적 방안은 무엇인가?

② 노인 인구의 급격한 증가로 여러 가지 사회 문제가 나타날 것으로 예상된다. 이러한 상황의 심각성을 사람들에게 어떻게 인식시킬 것인가?

③ 노인 인구의 증가가 예상되면서 노인 복지 대책 또한 절실히 요구되고 있다. 이러한 상황에서 노인 복지 정책의 바람직한 방향은 무엇인가?

④ 노인 인구가 증가하면서 노인 복지 정책에 대한 노인들의 불만도 높아지고 있다. 이러한 불만을 해소하기 위해서 정부는 어떠한 노력을 해야 하는가?

 ㉠㉡을 통해 노인인구 증가에 대한 문제제기를 제기하고, ㉢을 통해 노인 복지 정책의 바람직한 방향을 금전적인 복지보다는 경제적인 독립, 즉 일자리 창출 등으로 잡아야 한다고 논지를 전개해야 한다.

Answer ↱ 23.④   24.③

┃25~26┃ 다음은 가스안전사용요령이다. 이를 보고 물음에 답하시오.

사용 전 주의사항 : 환기
- 가스를 사용하기 전에는 연소기 주변을 비롯한 실내에서 특히 냄새를 맡아 가스가 새지 않았는가 를 확인하고 창문을 열어 환기시키는 안전수칙을 생활화 합니다.
- 연소기 부근에는 가연성 물질을 두지 말아야 합니다.
- 콕, 호스 등 연결부에서 가스가 누출되는 경우가 많기 때문에 호스 밴드로 확실하게 조이고, 호스 가 낡거나 손상되었을 때에는 즉시 새것으로 교체합니다.
- 연소 기구는 자주 청소하여 불꽃구멍 등에 음식찌꺼기 등이 끼어있지 않도록 유의합니다.

사용 중 주의사항 : 불꽃확인
- 사용 중 가스의 불꽃 색깔이 황색이나 적색인 경우는 불완전 연소되는 것으로, 연소 효율이 좋지 않을 뿐 아니라 일산화탄소가 발생되므로 공기조절장치를 움직여서 파란불꽃 상태가 되도록 조절 해야 합니다.
- 바람이 불거나 국물이 넘쳐 불이 꺼지면 가스가 그대로 누출되므로 사용 중에는 불이 꺼지지 않았 는지 자주 살펴봅니다. 구조는 버너, 삼발이, 국물받이로 간단히 분해할 수 있게 되어 있으며, 주 로 가정용으로 사용되고 있다.
- 불이 꺼질 경우 소화 안전장치가 없는 연소기는 가스가 계속 누출되고 있으므로 가스를 잠근 다음 샌 가스가 완전히 실외로 배출된 것을 확인한 후에 재점화 해야 합니다. 폭발범위 안의 농도로 공 기와 혼합된 가스는 아주 작은 불꽃에 의해서도 인화 폭발되므로 배출시킬 때에는 환풍기나 선풍 기 같은 전기제품을 절대로 사용하지 말고 방석이나 빗자루를 이용함으로써 전기스파크에 의한 폭 발을 막아야 합니다.
- 사용 중에 가스가 떨어져 불이 꺼졌을 경우에도 반드시 연소기의 콕과 중간밸브를 잠그도록 해야 합니다.

사용 후 주의사항 : 밸브잠금
- 가스를 사용하고 난 후에는 연소기에 부착된 콕은 물론 중간밸브도 확실하게 잠그는 습관을 갖도 록 해야 합니다.
- 장기간 외출시에는 중간밸브와 함께 용기밸브(LPG)도 잠그고, 도시가스를 사용하는 곳에서는 가스 계량기 옆에 설치되어 있는 메인밸브까지 잠가 두어야 밀폐된 빈집에서 가스가 새어나와 냉장고 작동시 생기는 전기불꽃에 의해 폭발하는 등의 불의의 사고를 예방할 수 있습니다.
- 가스를 다 사용하고 난 빈 용기라도 용기 안에 약간의 가스가 남아 있는 경우가 많으므로 빈용기 라고 해서 용기밸브를 열어놓은 채 방치하면 남아있는 가스가 새어나올 수 있으므로 용기밸브를 반드시 잠근 후에 화기가 없는 곳에 보관하여야 합니다.

---

25 가스안전사용요령을 읽은 甲의 행동으로 옳지 않은 것은?

① 甲은 호스가 낡아서 즉시 새것으로 교체를 하였다.

② 甲은 가스의 불꽃이 적색인 것을 보고 정상적인 것으로 생각해 그냥 내버려 두었다.

③ 甲은 장기간 집을 비우게 되어 중간밸브와 함께 용기밸브(LPG)도 잠그고 메인밸브까지 잠가두고 집을 나갔다.

④ 甲은 연소 기구를 자주 청소하여 음식물 등이 끼지 않도록 하였다.

 ② 사용 중 가스의 불꽃 색깔이 황색이나 적색인 경우는 불완전 연소되는 것으로, 연소 효율이 좋지 않을 뿐 아니라 일산화탄소가 발생되므로 공기조절장치를 움직여서 파란불꽃 상태가 되도록 조절해야 한다.

26 가스 사용 중에 가스가 떨어져 불이 꺼졌을 경우에는 어떻게 해야 하는가?

① 창문을 열어 환기시킨다.

② 연소기구를 청소한다.

③ 용기밸브를 열어 놓는다.

④ 연소기의 콕과 중간밸브를 잠그도록 해야 한다.

 ④ 사용 중에 가스가 떨어져 불이 꺼졌을 경우에도 반드시 연소기의 콕과 중간밸브를 잠그도록 해야 한다.

Answer ↪ 25.② 26.④

27 다음 글은 합리적 의사결정을 위해 필요한 절차적 조건 중의 하나에 관한 설명이다. 다음 보기 중 이 조건을 위배한 것끼리 묶은 것은?

> 합리적 의사결정을 위해서는 정해진 절차를 충실히 따르는 것이 필요하다. 고도로 복잡하고 불확실하나 문제상황 속에서 결정의 절차가 합리적이기 위해서는 다음과 같은 조건이 충족되어야 한다
>
> 〈조건〉
>
> 정책결정 절차에서 논의되었던 모든 내용이 결정절차에 참여하지 않은 다른 사람들에게 투명하게 공개되어야 한다. 그렇지 않으면 이성적 토론이 무력해지고 객관적 증거나 논리 대신 강압이나 회유 등의 방법으로 결론이 도출되기 쉽기 때문이다.

> 〈보기〉
> ㉠ 심의에 참여한 분들의 프라이버시 보호를 위해 오늘 회의의 결론만 간략히 알려드리겠습니다.
> ㉡ 시간이 촉박하니 회의 참석자 중에서 부장급 이상만 발언하도록 합시다.
> ㉢ 오늘 논의하는 안건은 매우 민감한 사안이니만큼 비참석자에게는 그 내용을 알리지 않을 것입니다. 그러니 회의자료 및 메모한 내용도 두고 가시기 바랍니다.
> ㉣ 우리가 외부에 자문을 구한 박사님은 이 분야의 최고 전문가이기 때문에 참석자 간의 별도 토론 없이 박사님의 의견을 그대로 채택하도록 합시다.
> ㉤ 오늘 안건은 매우 첨예한 이해관계가 걸려 있으니 상대방에 대한 반론은 자제해주시고 자신의 주장만 말씀해주시기 바랍니다.

① ㉠, ㉡ ② ㉠, ㉢
③ ㉢, ㉣ ④ ㉢, ㉤

 합리적 의사결정의 조건으로 회의에서 논의된 내용이 투명하게 공개되어야 한다는 조건을 명시하고 있으나, ㉠과 ㉢에서는 비공개주의를 원칙으로 하고 있기 때문에 조건에 위배된다.

28 다음 일정표에 대해 잘못 이해한 것을 고르면?

Albert Denton : Tuesday, September 24

8:30 a.m.	Meeting with S.S. Kim in Metropolitan Hotel lobby Taxi to Extec Factory
9:30−11:30 a.m.	Factory Tour
12:00−12:45 p.m.	Lunch in factory cafeteria with quality control supervisors
1:00−2:00 p.m.	Meeting with factory manager
2:00 p.m.	Car to warehouse
2:30−4:00 p.m.	Warehouse tour
4:00 p.m.	Refreshments
5:00 p.m.	Taxi to hotel (approx. 45 min)
7:30 p.m.	Meeting with C.W. Park in lobby
8:00 p.m.	Dinner with senior managers

① They are having lunch at the factory.

② The warehouse tour takes 90 minutes.

③ The factory tour is in the afternoon.

④ Mr. Denton has some spare time before in the afternoon.

 Albert Denton : 9월 24일, 화요일

8:30 a.m.	Metropolitan 호텔 로비 택시에서 Extec 공장까지 Kim S.S.와 미팅
9:30−11:30 a.m.	공장 투어
12:00−12:45 p.m.	품질 관리 감독관과 공장 식당에서 점심식사
1:00−2:00 p.m.	공장 관리자와 미팅
2:00 p.m.	차로 창고에 가기
2:30−4:00 p.m.	창고 투어
4:00 p.m.	다과
5:00 p.m.	택시로 호텔 (약 45분)
7:30 p.m.	C.W. Park과 로비에서 미팅
8:00 p.m.	고위 간부와 저녁식사

③ 공장 투어는 9시 30분에서 11시 30분까지이므로 오후가 아니다.

29 다음은 어느 시의회의 2018년도 업무보고 청취 회의의 회의록의 일부이다. 회의에 임하는 태도로 가장 부적절한 것은?

> A 위원장 : 2018년도 업무보고 청취의 건을 계속해서 상정합니다. 다음은 부문별 보고로 보건관리과 소관 업무보고를 받도록 하겠습니다. ㉠보건관리과장 나오셔서 신규사업 위주로 보고해 주시기 바랍니다.
>
> 보건관리과장 : 보건관리과장 ○○○입니다. 보건관리과 소관 2018년도 주요업무 계획을 보고 드리겠습니다.
>
> (보고사항 생략)
>
> A 위원장 : 수고하셨습니다. 다음은 질의하실 위원 질의하여 주시기 바랍니다.
>
> B 위원 : ㉡B 위원입니다. ○○○과장님 보고 잘 받았습니다. 우리 시 시민의 건강을 위해 늘 애쓰심에 감사의 말씀을 드리고요. 질의 들어가겠습니다. 보고서 11쪽, 보건소 제증명 인터넷 재발급 서비스를 보면 신규사업인데 비예산 사업이네요. 저는 이런 부분에 대해서 직원 분한테 감사하다는 말씀드리고 싶어요. 기존에 있는 시스템, 프로그램을 활용해서 제증명을 발급하는 거죠?
>
> 보건관리과장 : 동은 작년도에 실시했고요. 59.3%를 동에서 발급했습니다.
>
> B 위원 : 비예산으로 사업을 함으로써 우리 시민이 편안하게 행정서비스를 받을 수 있다는 것에 박수를 보내드립니다. 이런 것들이 정말 중요한 사업이 아닌가 생각을 합니다. 감사하고요. 14쪽 '4분의 기적' 꼭 필요한 겁니다. 지금 우리 시 전체 설치된 자동심장충격기가 몇 개죠? 2017년 실적을 보면 종합운동장 등 78개소라고 돼 있는데요.
>
> 보건관리과장 : ㉢올해부터 5월 31일까지 500세대 이상 되는 아파트라든지 집단시설에 의무적으로 설치하도록 되어 있습니다.
>
> B 위원 : 강제조항이 있습니까?
>
> 보건관리과장 : 법이 개정돼서 올해부터 점검을 통해서 주택과에서 감사도 하고요. 저희 점검을 통해서, 관리비로 다 세우기 때문에……
>
> B 위원 : ㉣잘 하시는 사업인데요. 본 위원이 걱정스러운 게 4분의 기적이에요. 일반적으로 평상 시 다니다 보면 '자동심장충격기 여기 있구나.' 알아요. 그런데 급한 시 사용하잖아요. 그때 "자동심장충격기 보신 분 가져다 주세요." 하면 사람들이 위치가 어디인지 파악할 수가 없게 되어 있어요. 요점은, 효과적으로 홍보가 안됐다는 거죠.

① ㉠   ② ㉡

③ ㉢   ④ ㉣

③ B 위원은 시 전체 설치된 자동심장충격기가 몇 개인지 물었는데 보건관리과장은 ㉢에서 다른 답변을 하고 있다. 회의 중 받은 질의에 대해서는 질의자의 질문에 적절한 답변을 해야 한다.
① 명령을 할 때에는 강압적인 말투보다는 요청하듯 부드럽게 표현하는 것이 효과적이다.
② 회의에서 질의를 할 때에는 가장 먼저 자신의 소속이나 이름을 밝히고, 발표자의 보고를 경청했다는 표현 등을 함께 해 주면 좋다.
④ 질책을 하기 전에는 칭찬의 말을 먼저 하고 질책의 말을 하는 것이 바람직하며, 질책 후에는 격려를 함께 하는 것이 청자의 반발을 최소화할 수 있다.

30 다음은 A 그룹 정기총회의 식순이다. 정기총회 준비와 관련하여 대표이사 甲과 비서 乙의 업무처리 과정에서 가장 옳지 않은 것은?

2016년도 ㈜A 그룹 정기총회

주관 : 대표이사 甲

▌식순 ▌

1. 성원보고
2. 개회선언
3. 개회사
4. 위원회 보고
5. 미결안건 처리
6. 안건심의
[제1호 의안] 2015년도 회계 결산 보고 및 승인의 건
[제2호 의안] 2016년도 사업 계획 및 예산 승인의 건
[제3호 의안] 이사 선임 및 변경에 대한 추인 건
7. 폐회

---

① 비서 乙은 성원보고와 관련하여 정관의 내용을 확인하고 甲에게 정기총회 요건이 충족되었다고 보고하였다.

② 비서 乙은 2015년도 정기총회의 개회사를 참고하여 2016년도 정기총회 개회사 초안을 작성하여 甲에게 보고하고 검토를 요청하였다.

③ 대표이사 甲은 지난 주주총회에서 미결된 안건이 없었는지 다시 확인해보라고 지시하였고, 비서 乙은 이에 대한 정관을 찾아서 확인 내용을 보고하였다.

④ 주주총회를 위한 회의 준비를 점검하는 과정에서 비서 乙은 빠진 자료가 없는지 매번 확인하였다.

 ④ 회의 준비를 점검하는 과정에서 매번 빠진 자료가 없는지 확인하는 것은 시간이 많이 소요되므로, 필요한 자료 목록을 작성하여 빠진 자료가 없는지 체크하고 중간점검과 최종점검을 통해 확인한다.

Answer ↪ 29.③ 30.④

02 수리능력

1 직장생활과 수리능력

(1) 기초직업능력으로서의 수리능력

① 개념 … 직장생활에서 요구되는 사칙연산과 기초적인 통계를 이해하고 도표의 의미를 파악하거나 도표를 이용해서 결과를 효과적으로 제시하는 능력을 말한다.

② 수리능력은 크게 기초연산능력, 기초통계능력, 도표분석능력, 도표작성능력으로 구성된다.
  - ㉠ 기초연산능력 : 직장생활에서 필요한 기초적인 사칙연산과 계산방법을 이해하고 활용할 수 있는 능력
  - ㉡ 기초통계능력 : 평균, 합계, 빈도 등 직장생활에서 자주 사용되는 기초적인 통계기법을 활용하여 자료의 특성과 경향성을 파악하는 능력
  - ㉢ 도표분석능력 : 그래프, 그림 등 도표의 의미를 파악하고 필요한 정보를 해석하는 능력
  - ㉣ 도표작성능력 : 도표를 이용하여 결과를 효과적으로 제시하는 능력

(2) 업무수행에서 수리능력이 활용되는 경우

① 업무상 계산을 수행하고 결과를 정리하는 경우

② 업무비용을 측정하는 경우

③ 고객과 소비자의 정보를 조사하고 결과를 종합하는 경우

④ 조직의 예산안을 작성하는 경우

⑤ 업무수행 경비를 제시해야 하는 경우

⑥ 다른 상품과 가격비교를 하는 경우

⑦ 연간 상품 판매실적을 제시하는 경우

⑧ 업무비용을 다른 조직과 비교해야 하는 경우

⑨ 상품판매를 위한 지역조사를 실시해야 하는 경우

⑩ 업무수행과정에서 도표로 주어진 자료를 해석하는 경우

⑪ 도표로 제시된 업무비용을 측정하는 경우

예제 1

다음 자료를 보고 주어진 상황에 대한 물음에 답하시오.

〈근로소득에 대한 간이 세액표〉

월 급여액(천 원) [비과세 및 학자금 제외]		공제대상 가족 수				
이상	미만	1	2	3	4	5
2,500	2,520	38,960	29,280	16,940	13,570	10,190
2,520	2,540	40,670	29,960	17,360	13,990	10,610
2,540	2,560	42,380	30,640	17,790	14,410	11,040
2,560	2,580	44,090	31,330	18,210	14,840	11,460
2,580	2,600	45,800	32,680	18,640	15,260	11,890
2,600	2,620	47,520	34,390	19,240	15,680	12,310
2,620	2,640	49,230	36,100	19,900	16,110	12,730
2,640	2,660	50,940	37,810	20,560	16,530	13,160
2,660	2,680	52,650	39,530	21,220	16,960	13,580
2,680	2,700	54,360	41,240	21,880	17,380	14,010
2,700	2,720	56,070	42,950	22,540	17,800	14,430
2,720	2,740	57,780	44,660	23,200	18,230	14,850
2,740	2,760	59,500	46,370	23,860	18,650	15,280

※ 갑근세는 제시되어 있는 간이 세액표에 따름
※ 주민세=갑근세의 10%
※ 국민연금=급여액의 4.50%
※ 고용보험=국민연금의 10%
※ 건강보험=급여액의 2.90%
※ 교육지원금=분기별 100,000원(매 분기별 첫 달에 지급)

박○○ 사원의 5월 급여내역이 다음과 같고 전월과 동일하게 근무하였으나 특별수당은 없고 차량지원금으로 100,000원을 받게 된다면, 6월에 받게 되는 급여는 얼마인가? (단, 원 단위 절삭)

(주) 서원플랜테크 5월 급여내역			
성명	박○○	지급일	5월 12일
기본급여	2,240,000	갑근세	39,530
직무수당	400,000	주민세	3,950
명절 상여금		고용보험	11,970
특별수당	20,000	국민연금	119,700
차량지원금		건강보험	77,140
교육지원		기타	
급여계	2,660,000	공제합계	252,290
		지급총액	2,407,710

① 2,443,910
② 2,453,910
③ 2,463,910
④ 2,473,910

[출제의도]
업무상 계산을 수행하거나 결과를 정리하고 업무비용을 측정하는 능력을 평가하기 위한 문제로서, 주어진 자료에서 문제를 해결하는 데에 필요한 부분을 빠르고 정확하게 찾아내는 것이 중요하다.

[해설]

기본 급여	2,240,000	갑근세	46,370
직무 수당	400,000	주민세	4,630
명절 상여금		고용 보험	12,330
특별 수당		국민 연금	123,300
차량 지원금	100,000	건강 보험	79,460
교육 지원		기타	
급여계	2,740,000	공제 합계	266,090
		지급 총액	2,473,910

답 ④

(3) 수리능력의 중요성

① 수학적 사고를 통한 문제해결

② 직업세계의 변화에의 적응

③ 실용적 가치의 구현

(4) 단위환산표

구분	단위환산
길이	$1cm = 10mm$, $1m = 100cm$, $1km = 1,000m$
넓이	$1cm^2 = 100mm^2$, $1m^2 = 10,000cm^2$, $1km^2 = 1,000,000m^2$
부피	$1cm^3 = 1,000mm^3$, $1m^3 = 1,000,000cm^3$, $1km^3 = 1,000,000,000m^3$
들이	$1m\ell = 1cm^3$, $1d\ell = 100cm^3$, $1L = 1,000cm^3 = 10d\ell$
무게	$1kg = 1,000g$, $1t = 1,000kg = 1,000,000g$
시간	1분 = 60초, 1시간 = 60분 = 3,600초
할푼리	1푼 = 0.1할, 1리 = 0.01할, 1모 = 0.001할

■ 예제 2

둘레의 길이가 4.4km인 정사각형 모양의 공원이 있다. 이 공원의 넓이는 몇 a인가?

① 12,100a

② 1,210a

③ 121a

④ 12.1a

[출제의도]
길이, 넓이, 부피, 들이, 무게, 시간, 속도 등 단위에 대한 기본적인 환산 능력을 평가하는 문제로서, 소수점 계산이 필요하며, 자릿수를 읽고 구분할 줄 알아야 한다.

[해설]
공원의 한 변의 길이는
$4.4 \div 4 = 1.1(\mathrm{km})$이고
$1\mathrm{km}^2 = 10,000\mathrm{a}$이므로
공원의 넓이는
$1.1\mathrm{km} \times 1.1\mathrm{km} = 1.21km^2$
$\qquad\qquad\qquad = 12,100a$

답 ①

2 수리능력을 구성하는 하위능력

(1) 기초연산능력

① 사칙연산 … 수에 관한 덧셈, 뺄셈, 곱셈, 나눗셈의 네 종류의 계산법으로 업무를 원활하게 수행하기 위해서는 기본적인 사칙연산뿐만 아니라 다단계의 복잡한 사칙연산까지도 수행할 수 있어야 한다.

② 검산 … 연산의 결과를 확인하는 과정으로 대표적인 검산방법으로 역연산과 구거법이 있다.

　㉠ 역연산 : 덧셈은 뺄셈으로, 뺄셈은 덧셈으로, 곱셈은 나눗셈으로, 나눗셈은 곱셈으로 확인하는 방법이다.

　㉡ 구거법 : 원래의 수와 각 자리 수의 합이 9로 나눈 나머지가 같다는 원리를 이용한 것으로 9를 버리고 남은 수로 계산하는 것이다.

예제 3

다음 식을 바르게 계산한 것은?

$$1 + \frac{2}{3} + \frac{1}{2} - \frac{3}{4}$$

① $\dfrac{13}{12}$　　　　　　② $\dfrac{15}{12}$

③ $\dfrac{17}{12}$　　　　　　④ $\dfrac{19}{12}$

[출제의도]
직장생활에서 필요한 기초적인 사칙연산과 계산방법을 이해하고 활용할 수 있는 능력을 평가하는 문제로서, 분수의 계산과 통분에 대한 기본적인 이해가 필요하다.
[해설]
$$\frac{12}{12} + \frac{8}{12} + \frac{6}{12} - \frac{9}{12} = \frac{17}{12}$$

답 ③

---

(2) 기초통계능력

① 업무수행과 통계

　㉠ 통계의 의미 : 통계란 집단현상에 대한 구체적인 양적 기술을 반영하는 숫자이다.

　㉡ 업무수행에 통계를 활용함으로써 얻을 수 있는 이점

　　• 많은 수량적 자료를 처리가능하고 쉽게 이해할 수 있는 형태로 축소

　　• 표본을 통해 연구대상 집단의 특성을 유추

　　• 의사결정의 보조수단

　　• 관찰 가능한 자료를 통해 논리적으로 결론을 추출·검증

ⓒ 기본적인 통계치
- 빈도와 빈도분포 : 빈도란 어떤 사건이 일어나거나 증상이 나타나는 정도를 의미하며, 빈도분포란 빈도를 표나 그래프로 종합적으로 표시하는 것이다.
- 평균 : 모든 사례의 수치를 합한 후 총 사례 수로 나눈 값이다.
- 백분율 : 전체의 수량을 100으로 하여 생각하는 수량이 그중 몇이 되는가를 퍼센트로 나타낸 것이다.

② 통계기법
ⓐ 범위와 평균
- 범위 : 분포의 흩어진 정도를 가장 간단히 알아보는 방법으로 최곳값에서 최젓값을 뺀 값을 의미한다.
- 평균 : 집단의 특성을 요약하기 위해 가장 자주 활용하는 값으로 모든 사례의 수치를 합한 후 총 사례 수로 나눈 값이다.
- 관찰값이 1, 3, 5, 7, 9일 경우 범위는 9 − 1 = 8이 되고, 평균은 $\dfrac{1+3+5+7+9}{5}$ = 5가 된다.

ⓑ 분산과 표준편차
- 분산 : 관찰값의 흩어진 정도로, 각 관찰값과 평균값의 차의 제곱의 평균이다.
- 표준편차 : 평균으로부터 얼마나 떨어져 있는가를 나타내는 개념으로 분산값의 제곱근 값이다.
- 관찰값이 1, 2, 3이고 평균이 2인 집단의 분산은 $\dfrac{(1-2)^2+(2-2)^2+(3-2)^2}{3}$ = $\dfrac{2}{3}$ 이고 표준편차는 분산값의 제곱근 값인 $\sqrt{\dfrac{2}{3}}$ 이다.

③ 통계자료의 해석
ⓐ 다섯숫자요약
- 최솟값 : 원자료 중 값의 크기가 가장 작은 값
- 최댓값 : 원자료 중 값의 크기가 가장 큰 값
- 중앙값 : 최솟값부터 최댓값까지 크기에 의하여 배열했을 때 중앙에 위치하는 사례의 값
- 하위 25%값·상위 25%값 : 원자료를 크기 순으로 배열하여 4등분한 값
ⓑ 평균값과 중앙값 : 평균값과 중앙값은 그 개념이 다르기 때문에 명확하게 제시해야 한다.

인터넷 쇼핑몰에서 회원가입을 하고 디지털캠코더를 구매하려고 한다. 다음은 구입하고자 하는 모델에 대하여 인터넷 쇼핑몰 세 곳의 가격과 조건을 제시한 표이다. 표에 있는 모든 혜택을 적용하였을 때 디지털캠코더의 배송비를 포함한 실제 구매가격을 바르게 비교한 것은?

구분	A 쇼핑몰	B 쇼핑몰	C 쇼핑몰
정상가격	129,000원	131,000원	130,000원
회원혜택	7,000원 할인	3,500원 할인	7% 할인
할인쿠폰	5% 쿠폰	3% 쿠폰	5,000원
중복할인여부	불가	가능	불가
배송비	2,000원	무료	2,500원

① A<B<C
② B<C<A
③ C<A<B
④ C<B<A

[출제의도]
직장생활에서 자주 사용되는 기초적인 통계기법을 활용하여 자료의 특성과 경향성을 파악하는 능력이 요구되는 문제이다.
[해설]
㉠ A 쇼핑몰
• 회원혜택을 선택한 경우 : $129,000 - 7,000 + 2,000 = 124,000$(원)
• 5% 할인쿠폰을 선택한 경우 : $129,000 \times 0.95 + 2,000 = 124,550$
㉡ B 쇼핑몰 : $131,000 \times 0.97 - 3,500 = 123,570$
㉢ C 쇼핑몰
• 회원혜택을 선택한 경우 : $130,000 \times 0.93 + 2,500 = 123,400$
• 5,000원 할인쿠폰을 선택한 경우 : $130,000 - 5,000 + 2,500 = 127,500$
∴ C<B<A

답 ④

(3) 도표분석능력

① 도표의 종류

㉠ **목적별** : 관리(계획 및 통제), 해설(분석), 보고

㉡ **용도별** : 경과 그래프, 내역 그래프, 비교 그래프, 분포 그래프, 상관 그래프, 계산 그래프

㉢ **형상별** : 선 그래프, 막대 그래프, 원 그래프, 점 그래프, 층별 그래프, 레이더 차트

② 도표의 활용
    ㉠ 선 그래프

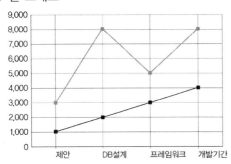

- 주로 시간의 경과에 따라 수량에 의한 변화 상황(시계열 변화)을 절선의 기울기로 나타내는 그래프이다.
- 경과, 비교, 분포를 비롯하여 상관관계 등을 나타낼 때 쓰인다.

    ㉡ 막대 그래프

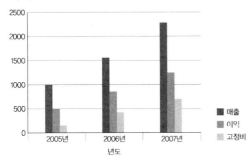

- 비교하고자 하는 수량을 막대 길이로 표시하고 그 길이를 통해 수량 간의 대소관계를 나타내는 그래프이다.
- 내역, 비교, 경과, 도수 등을 표시하는 용도로 쓰인다.

    ㉢ 원 그래프

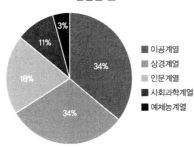

- 내역이나 내용의 구성비를 원을 분할하여 나타낸 그래프이다.
- 전체에 대해 부분이 차지하는 비율을 표시하는 용도로 쓰인다.

ⓔ 점 그래프

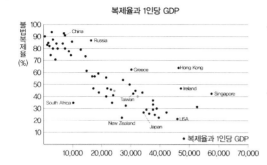

• 종축과 횡축에 2요소를 두고 보고자 하는 것이 어떤 위치에 있는가를 나타내는 그래프이다.
• 지역분포를 비롯하여 도시, 지방, 기업, 상품 등의 평가나 위치·성격을 표시하는데 쓰인다.

ⓜ 층별 그래프

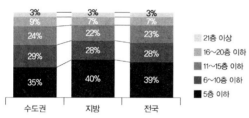

• 선 그래프의 변형으로 연속내역 봉 그래프라고 할 수 있다. 선과 선 사이의 크기로 데이터 변화를 나타낸다.
• 합계와 부분의 크기를 백분율로 나타내고 시간적 변화를 보고자 할 때나 합계와 각 부분의 크기를 실수로 나타내고 시간적 변화를 보고자 할 때 쓰인다.

ⓗ 레이더 차트(거미줄 그래프)

• 원 그래프의 일종으로 비교하는 수량을 직경, 또는 반경으로 나누어 원의 중심에서의 거리에 따라 각 수량의 관계를 나타내는 그래프이다.
• 비교하거나 경과를 나타내는 용도로 쓰인다.

③ 도표 해석상의 유의사항

　　㉠ 요구되는 지식의 수준을 넓힌다.

　　㉡ 도표에 제시된 자료의 의미를 정확히 숙지한다.

　　㉢ 도표로부터 알 수 있는 것과 없는 것을 구별한다.

　　㉣ 총량의 증가와 비율의 증가를 구분한다.

　　㉤ 백분위수와 사분위수를 정확히 이해하고 있어야 한다.

▌예제 5

다음 표는 2009 ～ 2010년 지역별 직장인들의 자기개발에 관해 조사한 내용을 정리한 것이다. 이에 대한 분석으로 옳은 것은?

(단위 : %)

연도\구분\지역	2009				2010			
	자기개발 하고 있음	자기개발 비용 부담 주체			자기개발 하고 있음	자기개발 비용 부담 주체		
		직장 100%	본인 100%	직장50%+ 본인50%		직장 100%	본인 100%	직장50%+ 본인50%
충청도	36.8	8.5	88.5	3.1	45.9	9.0	65.5	24.5
제주도	57.4	8.3	89.1	2.9	68.5	7.9	68.3	23.8
경기도	58.2	12	86.3	2.6	71.0	7.5	74.0	18.5
서울시	60.6	13.4	84.2	2.4	72.7	11.0	73.7	15.3
경상도	40.5	10.7	86.1	3.2	51.0	13.6	74.9	11.6

① 2009년과 2010년 모두 자기개발 비용을 본인이 100% 부담하는 사람의 수는 응답자의 절반 이상이다.

② 자기개발을 하고 있다고 응답한 사람의 수는 2009년과 2010년 모두 서울시가 가장 많다.

③ 자기개발 비용을 직장과 본인이 각각 절반씩 부담하는 사람의 비율은 2009년과 2010년 모두 서울시가 가장 높다.

④ 2009년과 2010년 모두 자기개발을 하고 있다고 응답한 비율이 가장 높은 지역에서 자기개발비용을 직장이 100% 부담한다고 응답한 사람의 비율이 가장 높다.

[출제의도]
그래프, 그림, 도표 등 주어진 자료를 이해하고 의미를 파악하여 필요한 정보를 해석하는 능력을 평가하는 문제이다.
[해설]
② 지역별 인원수가 제시되어 있지 않으므로, 각 지역별 응답자 수는 알 수 없다.
③ 2009년에는 경상도에서, 2010년에는 충청도에서 가장 높은 비율을 보인다.
④ 2009년과 2010년 모두 '자기개발을 하고 있다'고 응답한 비율이 가장 높은 지역은 서울시이며, 2010년의 경우 자기개발 비용을 직장이 100% 부담한다고 응답한 사람의 비율이 가장 높은 지역은 경상도이다.

답 ①

(4) 도표작성능력

① 도표작성 절차
  ㉠ 어떠한 도표로 작성할 것인지를 결정
  ㉡ 가로축과 세로축에 나타낼 것을 결정
  ㉢ 한 눈금의 크기를 결정
  ㉣ 자료의 내용을 가로축과 세로축이 만나는 곳에 표현
  ㉤ 표현한 점들을 선분으로 연결
  ㉥ 도표의 제목을 표기

② 도표작성 시 유의사항
  ㉠ 선 그래프 작성 시 유의점
  • 세로축에 수량, 가로축에 명칭구분을 제시한다.
  • 선의 높이에 따라 수치를 파악하는 경우가 많으므로 세로축의 눈금을 가로축보다 크게 하는 것이 효과적이다.
  • 선이 두 종류 이상일 경우 반드시 그 명칭을 기입한다.
  ㉡ 막대 그래프 작성 시 유의점
  • 막대 수가 많을 경우에는 눈금선을 기입하는 것이 알아보기 쉽다.
  • 막대의 폭은 모두 같게 하여야 한다.
  ㉢ 원 그래프 작성 시 유의점
  • 정각 12시의 선을 기점으로 오른쪽으로 그리는 것이 보통이다.
  • 분할선은 구성비율이 큰 순서로 그린다.
  ㉣ 층별 그래프 작성 시 유의점
  • 눈금은 선 그래프나 막대 그래프보다 적게 하고 눈금선은 넣지 않는다.
  • 층별로 색이나 모양이 완전히 다른 것이어야 한다.
  • 같은 항목은 옆에 있는 층과 선으로 연결하여 보기 쉽도록 한다.

출제예상문제

1 다음 표는 사학연금공단의 연금월액의 전년대비 변동 내역을 나타낸다. 다음 중 옳지 않은 것은?

연도	2010년	2011년	2012년	2013년	2014년	2015년	2016년~2020년
연금인상률	2.8%	2.9%	4.0%	2.2%	1.3%	1.3%	0%

① 2015년과 2016년의 연금월액은 동일하다.

② 2012년의 연금월액이 250만 원이라면, 2011년 연금월액은 약 240만 3,800원일 것이다.

③ 가장 많은 연금월액을 받을 수 있는 연도는 2012년이다.

④ 2014년과 2015년은 연금인상률이 같더라도 인상된 연금월액 크기는 다를 것이다.

 2012년에 전년대비 증가율이 4.0%로 가장 높지만, 가장 높은 금액을 뜻하지는 않는다. 이후로 2015년도까지 연금월액은 꾸준히 인상되었다.
① 2016년 연금인상률이 0%이므로 전년도인 2015년과 비교했을 때 변동이 없다.
② 2011년 연금월액을 x라 하면, $x \times (1+0.04) = 2,500,000$이므로 $x ≒ 2,403,800$
④ 기준금액이 다르기 때문에 인상률이 같더라도 연금월액 크기는 다르다.

2 다음 자료를 통하여 확인할 수 있는 사항은?

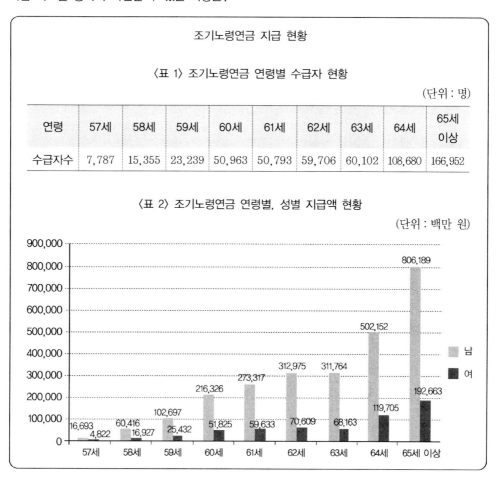

조기노령연금 지급 현황

〈표 1〉 조기노령연금 연령별 수급자 현황

(단위 : 명)

연령	57세	58세	59세	60세	61세	62세	63세	64세	65세 이상
수급자수	7,787	15,355	23,239	50,963	50,793	59,706	60,102	108,680	166,952

〈표 2〉 조기노령연금 연령별, 성별 지급액 현황

(단위 : 백만 원)

① 연령별 성별 수급자 비중
② 연령별 남성 수급자 1인당 평균 수급액
③ 연령별 수급자 1인당 평균 수급액의 성별 차이
④ 연령별 수급자 1인당 평균 수급액

 주어진 두 개의 자료는 각 연령대별 수급자 현황과 성별 수급액의 현황이므로 연령대별 성별 수급액에 관한 자료를 알 수는 없다. 따라서 제시된 보기의 내용 중에서는, 전체 수급액을 전체 수급자 수로 나누어 성별 구분 없는 '연령별 수급자 1인당 평균 수급액'만을 알 수 있다.

Answer→ 1.③ 2.④

3~4 다음 자료를 보고 이어지는 물음에 답하시오.

〈65세 이상 노인인구 대비 기초 (노령)연금 수급자 현황〉

(단위 : 명, %)

연도	65세 이상 노인인구	기초(노령) 연금수급자	국민연금 동시 수급자
2009	5,267,708	3,630,147	719,030
2010	5,506,352	3,727,940	823,218
2011	5,700,972	3,818,186	915,543
2012	5,980,060	3,933,095	1,023,457
2013	6,250,986	4,065,672	1,138,726
2014	6,520,607	4,353,482	1,323,226
2015	6,771,214	4,495,183	1,444,286
2016	6,987,489	4,581,406	1,541,216

〈가구유형별 기초연금 수급자 현황(2016년)〉

(단위 : 명, %)

65세 이상 노인 수	수급자 수					수급률
	계	단독가구	부부가구			
			소계	1인수급	2인수급	
6,987,489	4,581,406	2,351,026	2,230,380	380,302	1,850,078	65.6

3 위 자료를 참고할 때, 2009년 대비 2016년의 기초연금 수급률 증감률은? (단, 백분율은 반올림하여 소수 첫째 자리까지만 표시한다)

① −2.7%   ② −3.2%

③ −3.6%   ④ −4.8%

 2016년의 기초연금 수급률이 65.6%이므로 기초연금 수급률은 65세 이상 노인 수 대비 수급자의 비율이라고 볼 수 있다.

따라서 이에 의해 2009년의 기초연금 수급률을 구해 보면,

$3,630,147 \div 5,267,708 \times 100 = 68.9\%$가 된다. 따라서 68.9%와 65.6%와의 증감률을 구하면 된다.

이것은 다시 $(65.6 - 68.9) \div 68.9 \times 100 = -4.8\%$가 된다.

4 다음 중 위의 자료를 올바르게 분석한 것이 아닌 것은?

① 기초연금 수급자 대비 국민연금 동시 수급자의 비율은 2009년 대비 2016년에 증가하였다.

② 기초연금 수급률은 65세 이상 노인 수 대비 수급자의 비율이다.

③ 2016년 단독가구 수급자는 전체 수급자의 50%가 넘는다.

④ 2016년 1인 수급자는 전체 기초연금 수급자의 약 17%에 해당한다.

 1인 수급자는 전체 부부가구 수급자의 약 17%에 해당하며, 전체 기초연금 수급자인 4,581,406명에 대해서는 약 8.3%에 해당한다.

① 기초연금 수급자 대비 국민연금 동시 수급자의 비율은 2009년이 $719,030 \div 3,630,147 \times 100 = 19.8\%$이며, 2016년이 $1,541,216 \div 4,581,406 \times 100 = 33.6\%$이다.

② $4,581,406 \div 6,987,489 \times 100 = 65.6\%$이므로 올바른 설명이다.

③ 전체 수급자는 4,581,406명이며, 이 중 2,351,026명이 단독가구 수급자이므로 전체의 약 51.3%에 해당한다.

Answer⌐➡ 3.④ 4.④

5 다음 〈그림〉은 A기업의 2011년과 2012년 자산총액의 항목별 구성비를 나타낸 자료이다. 이에 대한 〈보기〉의 설명 중 옳은 것만을 모두 고르면?

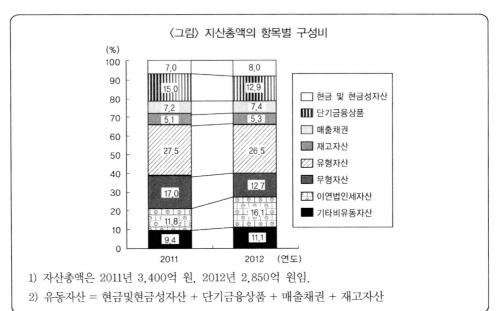

〈그림〉 자산총액의 항목별 구성비

1) 자산총액은 2011년 3,400억 원, 2012년 2,850억 원임.
2) 유동자산 = 현금및현금성자산 + 단기금융상품 + 매출채권 + 재고자산

〈보기〉

㉠ 2011년 항목별 금액의 순위가 2012년과 동일한 항목은 4개이다.
㉡ 2011년 유동자산 중 '단기금융상품'의 구성비는 45% 미만이다.
㉢ '현금및현금성자산' 금액은 2012년이 2011년보다 크다.
㉣ 2011년 대비 2012년에 '무형자산' 금액은 4.3% 감소하였다.

① ㉠, ㉡   ② ㉠, ㉢
③ ㉡, ㉢   ④ ㉠, ㉡, ㉣

 ㉠ 단기금융상품(3위), 재고자산(8위), 유형자산(1위), 기타비유동자산(5위)의 4개 항목이 2011년과 2012년 순위가 동일하다.

㉡ $\dfrac{15.0}{7.0 + 15.0 + 7.2 + 5.1} \times 100 ≒ 43.73\%$

㉢ 2011년 238억 원(= 3,400억 원 × 0.07) > 2012년 228억 원(= 2,850억 원 × 0.08)

㉣ 전체에서 차지하는 비율이 4.3% 감소한 것이며, 2011년과 2012년의 자산총액이 다르므로 '금액'이 4.3%의 비율만큼 감소했다고 말할 수 없다.

6 다음은 사학연금의 부담금의 종류와 그 산정방법을 나타낸 표이다. 교원 A의 기준소득월액이 200만 원이라면, A가 부담해야 할 개인부담금과 A가 속한 학교 B가 부담해야 할 법인부담금 금액으로 알맞은 것은?

부담금의 종류		부담률		부담자
		교원	사무직원	
개인부담금		기준소득월액의 $\dfrac{90}{1,000}$	기준소득월액의 $\dfrac{90}{1,000}$	교직원
법인부담금		개인부담금의 $\dfrac{5,294}{9,000}$	개인부담금과 같은 금액	학교기관
국가부담금		개인부담금의 $\dfrac{3,706}{9,000}$	–	국가
재해보상부담금		개인부담금 합계액의 $\dfrac{454}{10,000}$		학교기관
퇴직수당 부담금	법인부담금	퇴직 교직원 퇴직수당 금액의 $\dfrac{40}{100}$		학교기관
	국가부담금	법인 및 공단부담금을 제외한 금액		국가
	공단부담금	92년도 퇴직수당 비용으로 부담한 금액		공단

<u>A의 개인부담금</u>   <u>B의 법인부담금</u>

①   18만 원   10만 5,880원

②   18만 원   7만 4,120원

③   18만 원   18만 원

④   18만 원   7만 2,000원

- A(교원)의 개인부담금 : 200만 원 $\times \dfrac{90}{1,000} = 18$만 원

- B의 법인부담금 : 18만 원 $\times \dfrac{5,294}{9,000} = 10$만 5,880원

▌7~8▐ 다음은 퇴직연금제도 도입 사업장에 관한 현황을 나타낸 자료이다. 다음 자료를 보고 이어지는 물음에 답하시오.

〈종사자규모별 사업장 도입 현황〉

(단위 : 개소, %)

구분	2016년			2017년		
	전체 도입 사업장	도입 대상 사업장	도입사업장	전체 도입 사업장	도입 대상 사업장	도입사업장
합계 (구성비)	334,820 (100.0)	1,203,784 (100.0)	323,864 (100.0)	354,018 (100.0)	1,259,585 (100.0)	343,134 (100.0)
5인 미만	77,678 (23.2)	619,517 (51.5)	68,865 (21.3)	82,936 (23.4)	659,198 (52.3)	74,360 (21.7)
5~9인	93,500 (27.9)	307,047 (25.5)	92,108 (28.4)	102,312 (28.9)	320,042 (25.4)	100,742 (29.4)
10~29인	101,912 (30.4)	195,414 (16.2)	101,327 (31.3)	106,718 (30.1)	198,753 (15.8)	106,132 (30.9)
30~49인	24,178 (7.2)	35,207 (2.9)	24,092 (7.4)	24,456 (6.9)	35,101 (2.8)	24,371 (7.1)
50~99인	20,660 (6.2)	26,822 (2.2)	20,591 (6.4)	20,727 (5.9)	26,712 (2.1)	20,676 (6.0)
100~299인	12,339 (3.7)	14,768 (1.2)	12,330 (3.8)	12,283 (3.5)	14,732 (1.2)	12,270 (3.6)
300인 이상	4,553 (1.4)	5,009 (0.5)	4,551 (1.4)	4,586 (1.3)	5,047 (0.4)	4,583 (1.3)

<산업별 사업장 도입 현황>

(단위 : 개소)

구분	2016년			2017년		
	전체 도입 사업장	도입 대상 사업장	도입사업장	전체 도입 사업장	도입 대상 사업장	도입사업장
전체	334,820	1,203,784	323,864	354,018	1,259,585	343,134
농림어업	1,080	7,846	1,040	1,135	8,481	1,103
광업	303	734	299	297	746	297
제조업	98,422	258,385	96,678	101,100	265,543	99,479
전기가스업	380	1,270	363	395	1,413	379
수도하수업	2,470	6,164	2,436	2,612	6,363	2,577
건설업	19,524	94,004	18,807	20,485	98,971	19,780
도소매업	57,453	280,106	55,287	60,822	294,876	58,737
운수업	9,372	31,152	8,954	9,489	31,717	9,167
숙박음식업	7,327	102,031	6,567	7,705	108,674	7,030
정보통신업	8,699	30,001	8,511	9,093	32,272	8,911
금융보험업	11,148	17,904	11,102	11,161	18,520	11,124
부동산업	7,455	61,062	7,087	7,849	65,356	7,482
전문과학기술업	21,096	67,700	20,455	22,670	72,963	22,014
사업서비스업	9,370	33,323	8,840	9,495	34,795	9,005
공공행정	880	3,238	874	878	3,469	874
교육서비스업	13,558	38,869	13,333	14,606	40,348	14,409
보건사회복지업	55,121	118,203	52,513	62,253	120,445	59,254
예술스포츠여가업	2,182	11,147	2,064	2,289	11,944	2,195
협회 및 단체 등	8,980	40,645	8,654	9,684	42,689	9,317

* 도입률=도입 사업장÷도입 대상 사업장×100

7 다음 중 위의 자료에 대한 설명으로 적절하지 않은 것은?

① 전체 사업장의 퇴직연금제도 도입률은 2016년보다 2017년에 더 높아졌다.

② 종사자규모별 모든 사업장이 2016년보다 2017년에 퇴직연금제도 도입률이 더 높아진 것은 아니다.

③ 산업별 사업장의 경우, 도입 대상 사업장의 개수와 도입률과는 아무런 상관관계가 없다.

④ 2016년과 2017년에 도입률이 가장 낮은 업종은 각각 부동산업과 숙박음식업이다.

 두 해 모두 숙박음식업은 각각 6.4%와 6.5%의 도입률을 보여 도입률이 가장 낮은 업종이며, 부동산업은 각각 11.6%와 11.4%로 두 번째로 도입률이 낮은 업종임을 알 수 있다.
　① 26.9→27.2%로 전년보다 더 높아졌다.
　② 100~299인 사업장은 83.5→83.3%로 낮아졌으며, 300인 이상 사업장은 90.9→90.8%로 낮아졌다.
　③ 도입 대상 사업장의 개수가 많고 적음에 따라 도입률이 높거나 낮아지는 상관관계를 찾아볼 수 없다.

8 다음 중 2017년의 퇴직연금제도 도입률이 가장 높은 사업장 규모와 가장 낮은 사업장 규모가 순서대로 올바르게 나열된 것은?

① 300인 이상 사업장, 5인 미만 사업장

② 300인 이상 사업장, 5~9인 사업장

③ 100~299인 사업장, 5인 미만 사업장

④ 100~299인 사업장, 5~9인 사업장

 주어진 산식에 의해 연도별 사업장 규모별 도입률을 구해 보면 다음과 같다.
　5인 미만 : 11.3%,　5~9인 : 31.5%,　10~29인 : 53.4%,　30~49인 : 69.4%,　50~99인 : 77.4%,　100~299인 : 83.3%,　300인 이상 : 90.8%
　따라서 사업장 규모에 따라 도입률이 비례 관계를 보이고 있으므로 300인 이상 사업장이 가장 도입률이 높고, 5인 미만 사업장이 가장 낮은 도입률을 보이고 있음을 알 수 있다.

9 120개 단위 지역의 연금수급자 현황을 모두 정리하는 데 양 대리는 2시간, 박 사원은 3시간이 걸린다. 양 대리가 80개 지역의 현황을 정리하고 난 후, 나머지 40개 지역은 양 대리와 박 사원이 함께 정리하려고 한다. 이 때 120개 지역의 현황을 모두 정리하는 데 걸리는 시간은? (단, 시간은 반올림하여 소수 첫째 자리로 표시한다)

① 1.8시간

② 1.7시간

③ 1.6시간

④ 1.5시간

 양 대리가 1시간 동안 할 수 있는 일률은 $120 \div 2 = 60$이며, 박 사원이 1시간 동안 할 수 있는 일률은 $120 \div 3 = 40$이 된다.

양 대리가 80개 지역의 현황을 정리하는 데 필요한 시간은 $80 \div 60 = 1.3$시간이다. 두 사람이 함께 일을 할 경우의 일률은 $60 + 40 = 100$이므로 나머지 40개를 두 사람이 함께 작업하여 완료하기 위해서는 0.4시간이 필요하게 된다.

따라서 1.3시간 + 0.4시간 = 1.7시간이 된다.

10 다음은 사학연금의 연도별 자금배분 비중을 나타낸 그래프이다. 이에 대한 설명으로 옳지 않은 것은? (모든 연도에서 막대그래프 가장 아래 부분부터 순서대로 '국내채권-해외채권-국내주식-해외주식-대체투자-현금성' 자금을 나타낸다.)

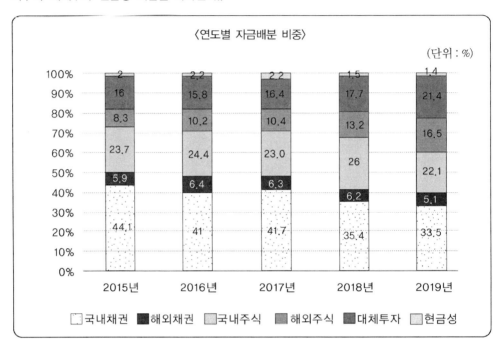

① 국내채권과 해외채권의 합이 절반의 비중을 차지하는 것은 2015년과 2017년뿐이다.

② 2016년과 2017년의 자금이 동일하다면, 두 연도의 현금성 자금에 배분된 금액도 동일하다.

③ 2015년~2019년 기간 동안 해외주식 비중은 계속해서 증가하는 추세를 보이고 있다.

④ 2017년의 전체 자금이 18조 원이고, 2018년 전체 자금은 그보다 증가했다고 할 때, 해외채권은 2017년에 비해 180억 원 이상 줄어들었을 것이다.

 2017년에는 국내채권과 해외채권을 합한 비중은 48%로 전체 비중의 절반에 미치지 못한다.

② 2016년, 2017년 모두 현금성 자금이 2.2%로 동일하므로 전체 금액이 같다면 현금성 자금에 해당하는 금액도 같다.

③ 해외주식 비중 : 8.3%(2015년) < 10.2%(2016년) < 10.4%(2017년) < 13.2%(2018년) < 16.5%(2019년)

④ 2017년에서 2018년으로 가면서 해외채권의 비중이 0.1% 줄었다. 2018년 전체자금이 2017년보다 크다고 했으므로, 2017년 전체 금액 18조 원의 0.1%에 해당하는 180억 원보다 큰 폭으로 금액이 줄었음을 알 수 있다.

11 다음 그래프는 사학연금공단의 자금운용 현황을 나타낸 것이다. 다음 설명 중 옳지 않은 것은? (원 그래프의 각 항목은 오른쪽 전체 금융자산 중 각 항목에 해당한다.)

〈자금운용 현황〉

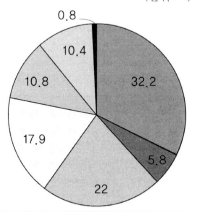

(단위 : %)

전체 금융자산 : _____㉠_____ 원

- 국내채권 : 5조 9,190억 원
- 해외채권 : 1조 685억 원
- 국내주식 : 4조 383억 원
- 해외주식 : 3조 2,957억 원
- 국내대체 : 1조 9,884억 원
- 해외대체 : 1조 9,105억 원
- 현 금 성 : 1,416억 원

① 전체 금융자산의 10.8%를 차지하는 것은 '국내대체'이다.
② 현금성 자산을 기준 금액으로 하면 ㉠에 들어갈 수치는 '17조 5,000억'이다.
③ 해외 채권 및 주식 자산의 합은 국내 채권과 주식 자산의 합의 50%에 못 미친다.
④ 국내채권과 국내주식이 전체 금융자산의 절반 이상을 차지한다.

 현금성 금액이 0.8%를 차지하므로 전체 금융자산 금액(x)은 1,416억 원 : 0.8 = x : 100에서 x = 17조 7,000억

① 네 번째로 가장 많은 비중(10.8%)을 차지하는 것은 '국내대체'이다.
③ '해외 채권(10,685억) + 해외 주식(32,957억)' < $\frac{1}{2}$ × (국내 채권 '59,190억' + 국내 주식 '40,383억')
④ 전체 금융자산에서 1, 2순위로 금액이 많은 국내채권(32.2%), 국내주식(22%)이 전체의 50% 이상을 차지한다.

Answer ➪ 10.① 11.②

▌12~14 ▌ 일정한 규칙을 찾아 빈칸에 들어갈 알맞은 숫자를 고르시오.

12

$$\frac{10}{20} \quad \frac{6}{9} \quad \frac{48}{64} \quad \frac{20}{25} \quad \frac{30}{36} \quad (\quad) \quad \frac{84}{96} \quad \frac{56}{63}$$

① $\frac{14}{25}$

② $\frac{18}{21}$

③ $\frac{21}{56}$

④ $\frac{28}{49}$

 제시된 숫자를 약분하여 나타내면 각각 $\frac{1}{2}$, $\frac{2}{3}$, $\frac{3}{4}$, $\frac{4}{5}$, $\frac{5}{6}$, ( ), $\frac{7}{8}$, $\frac{8}{9}$ 이 된다. 분모는 1씩 증가하고 있고, 분자는 분모 값보다 1 작은 수를 나타내고 있으므로 괄호 안에 들어갈 수는 $\frac{6}{7}$ 과 같은 값을 가지는 분수여야 한다. 보기 중 $\frac{18}{21}$ 이 이에 해당한다.

13

22, 4, 2   19, 3, 1   37, 5, 2   5, 3, 2   54, 6, ( )

① 0

② 1

③ 2

④ 3

 첫 번째 숫자를 두 번째 숫자로 나누었을 때의 나머지가 세 번째 숫자가 된다.
$22 \div 4 = 5 \cdots 2$
$19 \div 3 = 6 \cdots 1$
$37 \div 5 = 7 \cdots 2$
$5 \div 3 = 1 \cdots 2$
$54 \div 6 = 9 \cdots 0$

14

4	1	9
9	25	64
25	36	( )

① 144

② 121

③ 100

④ 81

 제시된 숫자를 제곱 형태로 나타낼 수 있다. 마지막 행은 첫 번째와 두 번째 행에 있는 숫자의 밑을 더한 값의 제곱임을 알 수 있다. 가장 오른쪽에 있는 열 또한 같은 규칙을 가진다. 따라서 괄호 안에 들어갈 숫자는 11의 제곱수인 121이 된다.

15 A기업에서는 매년 3월에 정기 승진 시험이 있다. 시험을 응시한 사람이 남자사원, 여자사원을 합하여 총 100명이고 시험의 평균이 남자사원은 72점, 여자사원은 76점이며 남녀 전체평균은 73점일 때 시험을 응시한 여자사원의 수는?

① 25명
② 30명
③ 35명
④ 40명

 시험을 응시한 여자사원의 수를 x라 하고, 여자사원의 총점 + 남자사원의 총점 = 전체 사원의 총점이므로 $76x + 72(100 - x) = 73 \times 100$
식을 간단히 하면 $4x = 100$, $x = 25$
∴ 여자사원은 25명이다.

16 수용이는 선생님의 심부름으로 15%의 식염수 300g을 과학실로 옮기던 도중 넘어져서 100g을 쏟았다. 들키지 않기 위해 물 100g을 더 첨가하여 과학실에 가져다 두었다. 식염수의 농도는 얼마인가?

① 10%
② 11%
③ 12%
④ 13%

 식염수의 질량이 줄었어도 농도가 줄어든 것은 아니므로 15% 식염수 200g에 물 100g을 첨가한 것으로 계산하면 된다.
$$\frac{30}{200 + 100} \times 100 = 10\%$$

17 아버지가 9만 원을 나눠서 세 아들에게 용돈을 주려고 한다. 첫째 아들과 둘째 아들은 2 : 1, 둘째 아들과 막내아들은 5 : 3의 비율로 주려고 한다면 막내아들이 받는 용돈은 얼마인가?

① 12,000원
② 13,000원
③ 14,000원
④ 15,000원

 아들들이 받는 돈의 비율은 10 : 5 : 3이다. 막내아들은 90,000원의 $\frac{3}{18}$을 받으므로 15,000원을 받는다.

Answer → 12.② 13.① 14.② 15.① 16.① 17.④

18 어떤 일을 하는데 수빈이는 16일, 혜림이는 12일이 걸린다. 처음에는 수빈이 혼자서 3일 동안 일하고, 그 다음은 수빈이와 혜림이가 같이 일을 하다가 마지막 하루는 혜림이만 일하여 일을 끝냈다. 수빈이와 혜림이가 같이 일 한 기간은 며칠인가?

① 3일   ② 4일

③ 5일   ④ 6일

 수빈이가 하루 일하는 양 : $\dfrac{1}{16}$

혜림이가 하루 일하는 양 : $\dfrac{1}{12}$

전체 일의 양을 1로 놓고 같이 일을 한 일을 x라 하면

$\dfrac{3}{16} + (\dfrac{1}{16} + \dfrac{1}{12})x + \dfrac{1}{12} = 1$

$\dfrac{13 + 7x}{48} = 1$

$\therefore x = 5$일

19 어떤 강을 따라 36km 떨어진 지점을 배로 왕복하려고 한다. 올라 갈 때에는 6시간이 걸리고 내려올 때는 4시간이 걸린다고 할 때 강물이 흘러가는 속력은 몇인가? (단, 배의 속력은 일정하다)

① 1.3km/h   ② 1.5km/h

③ 1.7km/h   ④ 1.9km/h

 배의 속력을 x라 하고 강물의 속력을 y라 하면 거리는 36km로 일정하므로

$6(x - y) = 36 \cdots$ ㉠

$4(x + y) = 36 \cdots$ ㉡

㉡식을 변형하여 $x = 9 - y$를 ㉠에 대입하면

$\therefore y = 1.5km/h$

20 갑동이는 올해 10살이다. 엄마의 나이는 갑동이와 누나의 나이를 합한 값의 두 배이고, 3년 후의 엄마의 나이는 누나의 나이의 세 배일 때, 올해 누나의 나이는 얼마인가?

① 12세 ② 13세

③ 14세 ④ 15세

 누나의 나이를 x, 엄마의 나이를 y라 하면,
$2(10+x)=y$
$3(x+3)=y+3$
두 식을 연립하여 풀면,
$x=14$(세)

21 다음은 신용대출의 중도상환에 관한 내용이다. 甲씨는 1년 후에 일시 상환하는 조건으로 500만원을 신용대출 받았다. 그러나 잔여기간이 100일 남은 상태에서 중도 상환하려고 한다. 甲씨가 부담해야 하는 해약금은 약 얼마인가? (단, 원단위는 절사한다)

- 중도상환해약금 : 중도상환금액×중도상환적용요율×(잔여기간/대출기간)

구분	가계대출		기업대출	
	부동산 담보대출	신용/기타 담보대출	부동산 담보대출	신용/기타 담보대출
적용요율	1.4%	0.8%	1.4%	1.0%

- 대출기간은 대출개시일로부터 대출기간만료일까지의 일수로 계산하되, 대출기간이 3년을 초과하는 경우에는 3년이 되는 날을 대출기간만료일로 한다.
- 잔여기간은 대출기간에서 대출개시일로부터 중도상환일까지의 경과일수를 차감하여 계산한다.

① 10,950원 ② 11,950원

③ 12,950원 ④ 13,950원

 신용대출이므로 적용요율이 0.8% 적용된다.
500만원×0.8%×(100/365)=10,958원
원단위 절사하면 10,950원이다.

Answer⟶ 18.③ 19.② 20.③ 21.①

22 다음 〈표〉는 2008년부터 2013년까지의 연도별 평균 가계직접부담의료비에 대한 자료이다. 이에 대한 설명으로 옳지 않은 것은?

(단위 : 만원)

구분		2008년	2009년	2010년	2011년	2012년	2013년
전체		135.9	132.6	147.9	168.4	177.4	176.4
가구원수	1인	66.6	70.8	78.3	103.7	105.2	99.4
	2인	138.7	146.5	169.2	188.8	194.1	197.3
	3인	154.8	145.3	156.4	187.7	203.2	201.4
	4인	153.4	145.8	165.1	178.4	191.7	198.9
	5인	194.9	180.4	197.6	210.8	233.7	226.6
	6인 이상	221.3	203.2	250.4	251.8	280.7	259.3
소득분위	1분위	93.7	93.6	104.0	122.3	130.8	134.2
	2분위	126.4	119.9	139.5	169.5	157.3	161.1
	3분위	131.9	122.6	141.0	166.8	183.2	178.4
	4분위	145.7	143.5	170.3	170.5	190.0	188.5
	5분위	180.5	179.7	185.4	214.7	226.1	219.3
지역	서울	139.5	143.6	152.2	180.5	189.0	192.4
	광역시	139.2	128.7	147.7	159.3	164.1	168.2
	도	132.9	130.2	146.3	168.2	179.4	174.4

① 매년 저소득층에서 고소득층으로 갈수록 가계직접부담의료비가 증가하고 있다.

② 지역만 놓고 볼 때, 서울은 도보다 매년 가계직접부담의료비가 많다.

③ 2013년 전체 가계직접부담의료비는 2008년보다 약 30% 증가했다.

④ 2008년 6인 이상 가구 가계직접부담의료비는 1인 가구의 3배를 넘는다.

 ① 2011년에는 2분위가 3분위보다 가계직접부담의료비가 많다.

23 다음은 어느 보험회사의 보험계약 현황에 관한 표이다. 이에 대한 설명으로 옳지 않은 것은?

(단위 : 건, 억원)

구분	2015년		2014년	
	건수	금액	건수	금액
개인보험	5,852,844	1,288,847	5,868,027	1,225,968
생존보험	1,485,908	392,222	1,428,422	368,731
사망보험	3,204,140	604,558	3,241,308	561,046
생사혼합	1,162,792	292,068	1,198,297	296,191
단체보험	0	0	0	0
단체보장	0	0	0	0
단체저축	0	0	0	0
소계	5,852,844	1,288,847	5,868,027	1,225,968

※ 건수는 보유계약의 건수임
※ 금액은 주계약 및 특약의 보험가입금액임

① 2014년과 2015년에 단체보험 보유계약의 건수는 0건이다.
② 2015년은 2014년에 비해 개인보험 보유계약 건수가 감소하였다.
③ 2015년은 2014년에 비해 개인보험 보험가입금액은 증가하였다.
④ 2015년 개인보험 보험가입금액에서 생존보험 금액이 차지하는 구성비는 30% 미만이다.

④ $\dfrac{392,222}{1,288,847} \times 100 = 30.43\%$

따라서 30%를 초과한다.

|24~25| 다음 표는 2006년부터 2009년까지 4년간 손해보험과 생명보험의 전체 수지실적에 관한 자료이다. 이를 보고 물음에 답하시오.

〈표 1〉 4년간 손해보험의 수지실적

(단위 : 십억원)

연도	경과보험료	발생손해액	순사업비
2006년	23,712	18,671	5,351
2007년	27,413	21,705	6,377
2008년	32,253	24,867	7,402
2009년	36,682	28,300	8,967

〈표 2〉 4년간 생명보험의 수지실적

(단위 : 십억원)

연도	경과보험료	발생손해액	순사업비
2006년	61,472	35,584	10,989
2007년	66,455	35,146	12,084
2008년	75,096	44,877	13,881
2009년	73,561	47,544	13,715

※ 손해율(%)=(총지출액/경과보험료)×100

※ 손해율은 보험사의 수지실적을 나타내는 대표적인 지표이다.

※ 총지출액=발생손해액+순사업비

24 위의 자료에 대한 설명으로 옳은 것은?

① 4년간 손해보험과 생명보험 모두 경과보험료는 매년 증가하고 있다.

② 2006년 손해보험의 손해율은 105%가 넘는다.

③ 2009년 생명보험의 경과보험료는 손해보험 경과보험료의 2배 이상이다.

④ 2007년 경과보험료 대비 순사업비의 비중은 손해보험이 생명보험보다 낮다.

 ① 2009년 생명보험의 경과보험료는 전년대비 감소하였다.

② 2006년 손해보험의 손해율은 101.3%이다.

④ 손해보험이 생명보험보다 높다.

25 다음 중 생명보험의 손해율이 가장 컸던 해는? (단, 소수점 둘째짜리에서 반올림한다)

① 2006년   ② 2007년

③ 2008년   ④ 2009년

 ① 2006년 : $\dfrac{35,584+10,989}{61,472} \times 100 = 75.8\%$

② 2007년 : $\dfrac{35,146+12,084}{66,455} \times 100 = 71.1\%$

③ 2008년 : $\dfrac{44,877+13,881}{75,096} \times 100 = 78.2\%$

④ 2009년 : $\dfrac{47,544+13,715}{73,561} \times 100 = 83.3\%$

Answer → 24.③　25.④

26 다음 표는 어느 회사의 공장별 제품 생산 및 판매 실적에 대한 자료이다. 이에 대한 설명으로 옳지 않은 것은?

(단위 : 대)

공장	2016년 12월	2016년 전체	
	생산 대수	생산 대수	판매 대수
A	25	586	475
B	21	780	738
C	32	1,046	996
D	19	1,105	1,081
E	38	1,022	956
F	39	1,350	1,238
G	15	969	947
H	18	1,014	962
I	26	794	702

※ 2017년 1월 1일 기준 재고 수＝2016년 전체 생산 대수－2016년 전체 판매 대수

※ 판매율(%) ＝ $\dfrac{\text{판매 대수}}{\text{생산 대수}} \times 100$

※ 2016년 1월 1일부터 제품을 생산·판매하였음

① 2017년 1월 1일 기준 재고 수가 가장 적은 공장은 G공장이다.

② 2017년 1월 1일 기준 재고 수가 가장 많은 공장의 2016년 전체 판매율은 90% 이상이다.

③ 2016년 12월 생산 대수가 가장 많은 공장과 2017년 1월 1일 기준 재고 수가 가장 많은 공장은 동일하다.

④ I공장의 2016년 전체 판매율은 90% 이상이다.

 ④ I공장의 2016년 전체 판매율 : $\dfrac{702}{794} \times 100 = 88.4\%$

┃27~28 ┃ 음료회사에 근무하고 있는 甲은 하절기 음료 수요 예측에 따라 향후 음료 수요 충당을 위해 자사 직전 3개년 음료판매 현황과 생산기계 보유현황에 대한 보서를 작성하고 있다. 물음에 답하시오.

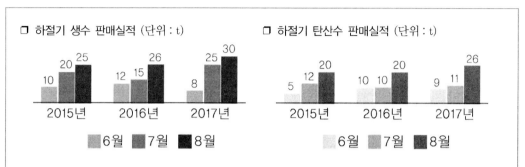

❏ 자사 생산 계획안

    2018년 우리 회사에서는 올 하절기(6~8월)에 보다 효율적인 음료 생산을 위하여 2015년부터 2017년까지의 음료 판매현황을 조사하였습니다. 그 결과 초여름(6월)에서 늦여름(8월)까지 우리 회사의 음료 판매 실적은 꾸준히 상승하였습니다. 세부적으로 살펴보면 생수의 경우 2015년에 55t에서 2017년에 63t으로 8t이 증가하였고, 탄산수의 경우에는 2015년에 37t에서 2017년에 46t으로 9t이 증가하였습니다. 이러한 직전 3개년 간 음료 판매현황 조사에 따라 2018년 음료 생산량을 계획하려 합니다. 기상청의 2018년 하절기 평균 기온이 작년에 비해 상승할 것으로 예상됨에 따라 2018년 6~8월까지 각 월별 음료 생산량은 음료 종류에 따라 직전 3개년 평균 음료 판매량의 1.5배를 생산하도록 하겠습니다. 현재 재고 음료는 없으며, 2018년 음료 생산은 5월부터 진행하고 판매되지 않고 남은 음료는 그 다음달로 이월하여 판매할 수 있도록 하겠습니다. 이에 따라 현재 우리 회사가 보유하고 있는 생산기계 현황을 파악하여, 생산 목표량 확보를 위하여 추가적으로 생산기계를 구입할 필요가 있습니다. 현재 우리 회사가 보유하고 있는 생산기계 현황은 아래와 같습니다.

생산기계	생산량 (kg/일)	길이(cm)			제조방식	생산가능 음료
		가로	세로	높이		
A	60	700	400	600	역삼투압식	생수
B	100	900	900	500	중공사막식	탄산수
C	300	1,200	800	400	역삼투압식	탄산수
D	440	1,000	1,000	200	중공사막식	생수

27 보고서를 검토한 상사 乙이 甲에게 2018년 하절기 음료별 생산 목표량을 정리해 오라고 지시하였다. 甲이 작성한 그래프로 적절한 것은?

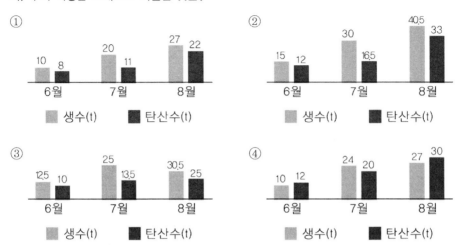

① 생수(t) ■ 탄산수(t)
② 생수(t) ■ 탄산수(t)
③ 생수(t) ■ 탄산수(t)
④ 생수(t) ■ 탄산수(t)

(Tip) 2018년 6~8월까지 각 월별 음료 생산량은 음료 종류에 따라 직전 3개년 평균 음료 판매량의 1.5배를 생산하므로, 각 월별 음료 생산량은 다음과 같다.

6월	생수	{(10 + 12 + 8) ÷ 3} × 1.5 = 15
	탄산수	{(5 + 10 + 9) ÷ 3} × 1.5 = 12
7월	생수	{(20 + 15 + 25) ÷ 3} × 1.5 = 30
	탄산수	{(12 + 10 + 11) ÷ 3} × 1.5 = 16.5
8월	생수	{(25 + 26 + 30) ÷ 3} × 1.5 = 40.5
	탄산수	{(20 + 20 + 26) ÷ 3} × 1.5 = 33

28 이 음료회사는 매달 20일 동안 생산기계를 가동하여 음료를 생산한다. 甲이 분석한 2018년 상황과 향후 생산 계획에 대한 설명으로 옳은 것을 고르면?

① 2018년 7월까지는 현재 보유한 생산기계로 각 음료 생산 목표량 달성이 가능하다.

② 현재 보유한 생산기계 중 부피가 가장 큰 것은 역삼투압식으로 탄산수를 생산하는 기계이다.

③ 현재 보유한 생산기계를 이용해 2018년 6월에 생산한 음료량은 생수가 탄산수보다 20% 많았다.

④ 2018년 8월 중 30일 동안 탄산수 생산기계를 가동하더라도 탄산수 신규 생산기계 구매 없이는 8월 탄산수 생산 목표량 달성이 불가능하다.

 ④ 2018년 8월 중 30일 동안 탄산수 생산기계를 가동하였을 때 생산할 수 있는 탄산수의 양은 $(100 \times 30) + (300 \times 30) = 9t$으로 2018년 8월 탄산수 생산 목표량인 33t을 달성할 수 없다.

① 이 회사의 한 달 음료 생산량은 생수가 $(60 \times 20) + (440 \times 20) = 10t$, 탄산수가 $(100 \times 20) + (300 \times 20) = 8t$으로 2018년 6월 생산 목표량도 달성이 불가능하다.

② 현재 보유한 생산기계 중 부피가 가장 큰 것은 중공사막식으로 탄산수를 생산하는 기계인 B이다.

③ 현재 보유한 생산기계를 이용해 2018년 6월에 생산한 생수량은 10t이고 탄산수량은 8t이다. 생수가 탄산수보다 25% 많았다.

29 다음은 2013~2017년 甲 공단의 A, B 사업장의 연간 매출액을 토대로 2018년 A, B 사업장의 직원 증원에 대해 검토한 자료이다. 2018년 A, B 사업장의 증원 인원별 연간 매출액을 추정한 결과로 옳은 것은?

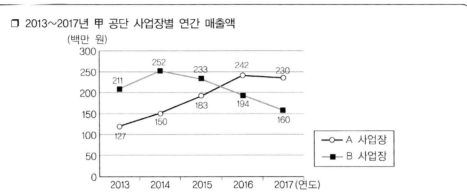

□ 보고서

• 2018년 'A', 'B' 사업장은 각각 0~3명의 직원을 증원할 계획이다.
• 추정 결과, 직원을 증원하지 않을 경우 'A', 'B' 사업장의 2017년 대비 2018년 매출액 증감률은 각각 10% 이하일 것으로 예상된다.
• 직원 증원이 없을 때와 직원 3명을 증원할 때의 2018년 매출액 차이는 'B' 사업장이 'A' 사업장보다 클 것으로 추정된다.
• 'B' 사업장이 2013~2017년 중 최대 매출액을 기록했던 2014년보다 큰 매출액을 기록하기 위해서는 2018년에 최소 2명의 직원을 증원해야 한다.

①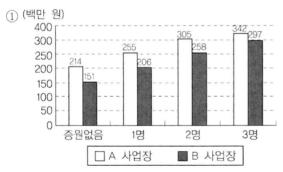

②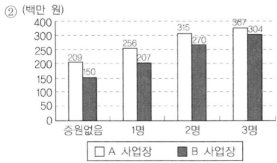

③ (백만 원)

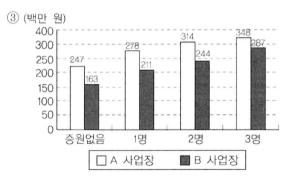

④ (백만 원)

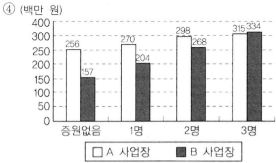

 • 추정 결과, 직원을 증원하지 않을 경우 'A', 'B' 사업장의 2017년 대비 2018년 매출액 증감률은 각각 10% 이하일 것으로 예상되므로, 직원을 증원하지 않을 경우 2018년 매출액은 'A' 사업장은 207~253 사이이고, 'B' 사업장은 144~176 사이이다. →④ 틀림
• 직원 증원이 없을 때와 직원 3명을 증원할 때의 2018년 매출액 차이는 'B' 사업장이 'A' 사업장보다 클 것으로 추정된다. →② 틀림
• 'B' 사업장이 2013~2017년 중 최대 매출액을 기록했던 2014년보다 큰 매출액을 기록하기 위해서는 2018년에 최소 2명의 직원을 증원해야 한다. →③ 틀림

Answer → 29.①

30 A 공단에 근무하고 있는 甲은 2017년 우리나라의 노인학대 현황에 관한 보고서를 작성하고 있다. 효율적인 보고를 위하여 표 및 그래프를 활용한다고 할 때, 甲이 작성한 내용 중 옳은 것을 모두 고르면?

2017년 1월 1일부터 12월 31일까지 한 해 동안 전국 29개 지역의 노인보호전문기관에 신고된 전체 11,905건의 노인학대 의심사례 중에 학대 인정사례는 3,818건으로 나타났다. 이는 전년대비 학대 인정사례 건수가 8% 이상 증가한 것이다.

학대 인정사례 3,818건을 신고자 유형별로 살펴보면 신고의무자에 의해 신고된 학대 인정사례는 707건, 비신고의무자에 의해 신고된 학대 인정사례는 3,111건이었다. 신고의무자에 의해 신고된 학대 인정사례 중 사회복지전담 공무원의 신고에 의한 학대 인정사례가 40% 이상으로 나타났다. 비신고의무자에 의해 신고된 학대 인정사례 중에서는 관련기관 종사자의 신고에 의한 학대 인정사례가 48% 이상으로 가장 높았고, 학대행위자 본인의 신고에 의한 학대 인정사례의 비율이 가장 낮았다.

또한 3,818건의 학대 인정사례를 발생장소별로 살펴보면 기타를 제외하고 가정 내 학대가 85.8%로 가장 높게 나타났으며, 다음으로 생활시설 5.4%, 병원 2.3%, 공공장소 2.1%의 순으로 나타났다. 학대 인정사례 중 병원에서의 학대 인정사례 비율은 2014~2017년 동안 매년 감소한 것으로 나타났다.

한편, 학대 인정사례를 가구형태별로 살펴보면 2014~2017년 동안 매년 학대 인정사례 건수가 가장 많은 가구 형태는 노인단독가구였다.

㉠ 2017년 신고자 유형별 노인학대 인정사례 건수

	신고자 유형	건수(건)		신고자 유형	건수(건)
신고의무자	의료인	44	비신고의무자	학대피해노인 본인	722
	노인복지시설 종사자	178		학대행위자 본인	8
	장애노인시설 종사자	16		친족	567
	가정폭력 관련 종사자	101		타인	320
	사회복지전담 공무원	290		관련기관 종사자	1,494
	노숙인 보호시설 종사자	31		–	–
	구급대원	9		–	–
	재가장기요양기관 종사자	38		–	–
	계	707		계	3,111

㉡ 2016년과 2017년 노인보호전문기관에 신고된 노인학대 의심사례 신고 건수와 구성비

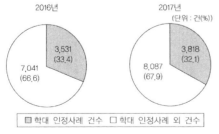

2016년

2017년
(단위 : 건(%))

3,531 (33.4)
7,041 (66.6)

3,818 (32.1)
8,087 (67.9)

■ 학대 인정사례 건수　□ 학대 인정사례 외 건수

※ 구성비는 소수점 아래 둘째 자리에서 반올림한 값임.

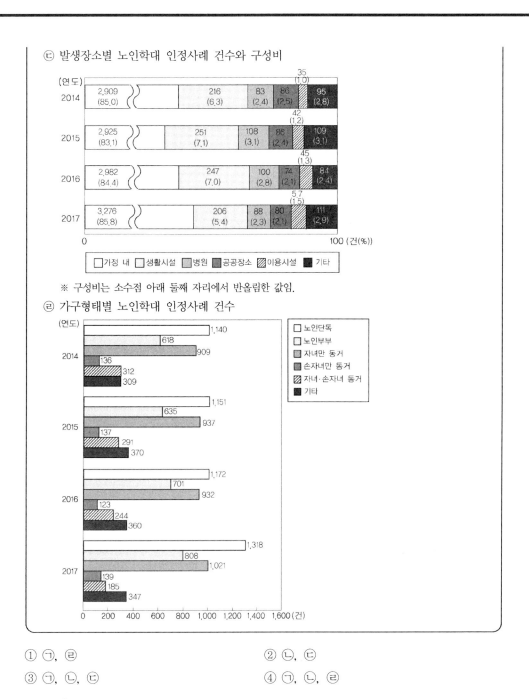

ⓒ 발생장소별 노인학대 인정사례 건수와 구성비

※ 구성비는 소수점 아래 둘째 자리에서 반올림한 값임.

ⓓ 가구형태별 노인학대 인정사례 건수

① ㉠, ㉣　　　　　　　　　　　　② ㉡, ㉢

③ ㉠, ㉡, ㉢　　　　　　　　　　④ ㉠, ㉡, ㉣

> (Tip) ⓒ 학대 인정사례 중 병원에서의 학대 인정사례 비율은 2014~2017년 동안 매년 감소한 것으로 나타났는데, 그래프상에서는 2015년에 전년 대비 증가하였다.

Answer ➡ 30.④

03 문제해결능력

1 문제와 문제해결

(1) 문제의 정의와 분류

① 정의 … 문제란 업무를 수행함에 있어서 답을 요구하는 질문이나 의논하여 해결해야 되는 사항이다.

② 문제의 분류

구분	창의적 문제	분석적 문제
문제제시 방법	현재 문제가 없더라도 보다 나은 방법을 찾기 위한 문제 탐구→문제 자체가 명확하지 않음	현재의 문제점이나 미래의 문제로 예견될 것에 대한 문제 탐구→문제 자체가 명확함
해결방법	창의력에 의한 많은 아이디어의 작성을 통해 해결	분석, 논리, 귀납과 같은 논리적 방법을 통해 해결
해답 수	해답의 수가 많으며, 많은 답 가운데 보다 나은 것을 선택	답의 수가 적으며 한정되어 있음
주요특징	주관적, 직관적, 감각적, 정성적, 개별적, 특수성	객관적, 논리적, 정량적, 이성적, 일반적, 공통성

(2) 업무수행과정에서 발생하는 문제 유형

① **발생형 문제(보이는 문제)** … 현재 직면하여 해결하기 위해 고민하는 문제이다. 원인이 내재되어 있기 때문에 원인지향적인 문제라고도 한다.
　㉠ 일탈문제 : 어떤 기준을 일탈함으로써 생기는 문제
　㉡ 미달문제 : 어떤 기준에 미달하여 생기는 문제

② **탐색형 문제(찾는 문제)** … 현재의 상황을 개선하거나 효율을 높이기 위한 문제이다. 방치할 경우 큰 손실이 따르거나 해결할 수 없는 문제로 나타나게 된다.
　㉠ 잠재문제 : 문제가 잠재되어 있어 인식하지 못하다가 확대되어 해결이 어려운 문제
　㉡ 예측문제 : 현재로는 문제가 없으나 현 상태의 진행 상황을 예측하여 찾아야 앞으로 일어날 수 있는 문제가 보이는 문제
　㉢ 발견문제 : 현재로서는 담당 업무에 문제가 없으나 선진기업의 업무 방법 등 보다 좋은 제도나 기법을 발견하여 개선시킬 수 있는 문제

③ 설정형 문제(미래 문제) … 장래의 경영전략을 생각하는 것으로 앞으로 어떻게 할 것인가 하는 문제이다. 문제해결에 창조적인 노력이 요구되어 창조적 문제라고도 한다.

예제 1

D회사 신입사원으로 입사한 귀하는 신입사원 교육에서 업무수행과정에서 발생하는 문제 유형 중 설정형 문제를 하나씩 찾아오라는 지시를 받았다. 이에 대해 귀하는 교육받은 내용을 다시 복습하려고 한다. 설정형 문제에 해당하는 것은?

① 현재 직면하여 해결하기 위해 고민하는 문제
② 현재의 상황을 개선하거나 효율을 높이기 위한 문제
③ 앞으로 어떻게 할 것인가 하는 문제
④ 원인이 내재되어 있는 원인지향적인 문제

[출제의도]
업무수행 중 문제가 발생하였을 때 문제 유형을 구분하는 능력을 측정하는 문항이다.
[해설]
업무수행과정에서 발생하는 문제 유형으로는 발생형 문제, 탐색형 문제, 설정형 문제가 있으며 ①④는 발생형 문제이며 ②는 탐색형 문제, ③이 설정형 문제이다.

답 ③

---

(3) 문제해결

① 정의 … 목표와 현상을 분석하고 이 결과를 토대로 과제를 도출하여 최적의 해결책을 찾아 실행·평가해 가는 활동이다.

② 문제해결에 필요한 기본적 사고
  ㉠ 전략적 사고 : 문제와 해결방안이 상위 시스템과 어떻게 연결되어 있는지를 생각한다.
  ㉡ 분석적 사고 : 전체를 각각의 요소로 나누어 그 의미를 도출하고 우선순위를 부여하여 구체적인 문제해결방법을 실행한다.
  ㉢ 발상의 전환 : 인식의 틀을 전환하여 새로운 관점으로 바라보는 사고를 지향한다.
  ㉣ 내·외부자원의 활용 : 기술, 재료, 사람 등 필요한 자원을 효과적으로 활용한다.

③ 문제해결의 장애요소
  ㉠ 문제를 철저하게 분석하지 않는 경우
  ㉡ 고정관념에 얽매이는 경우
  ㉢ 쉽게 떠오르는 단순한 정보에 의지하는 경우
  ㉣ 너무 많은 자료를 수집하려고 노력하는 경우

④ 문제해결방법
　㉠ 소프트 어프로치 : 문제해결을 위해서 직접적인 표현보다는 무언가를 시사하거나 암시를 통하여 의사를 전달하여 문제해결을 도모하고자 한다.
　㉡ 하드 어프로치 : 상이한 문화적 토양을 가지고 있는 구성원을 가정하고, 서로의 생각을 직설적으로 주장하고 논쟁이나 협상을 통해 서로의 의견을 조정해 가는 방법이다.
　㉢ 퍼실리테이션(facilitation) : 촉진을 의미하며 어떤 그룹이나 집단이 의사결정을 잘 하도록 도와주는 일을 의미한다.

2 　문제해결능력을 구성하는 하위능력

(1) 사고력

① 창의적 사고 … 개인이 가지고 있는 경험과 지식을 통해 새로운 가치 있는 아이디어를 산출하는 사고능력이다.
　㉠ 창의적 사고의 특징
　　• 정보와 정보의 조합
　　• 사회나 개인에게 새로운 가치 창출
　　• 창조적인 가능성

예제 2

M사 홍보팀에서 근무하고 있는 귀하는 입사 5년차로 창의적인 기획안을 제출하기로 유명하다. S부장은 이번 신입사원 교육 때 귀하에게 창의적인 사고란 무엇인지 교육을 맡아달라고 부탁하였다. 창의적인 사고에 대한 귀하의 설명으로 옳지 않은 것은?

① 창의적인 사고는 새롭고 유용한 아이디어를 생산해 내는 정신적인 과정이다.
② 창의적인 사고는 특별한 사람들만이 할 수 있는 대단한 능력이다.
③ 창의적인 사고는 기존의 정보들을 특정한 요구조건에 맞거나 유용하도록 새롭게 조합시킨 것이다.
④ 창의적인 사고는 통상적인 것이 아니라 기발하거나, 신기하며 독창적인 것이다.

[출제의도]
창의적 사고에 대한 개념을 정확히 파악하고 있는지를 묻는 문항이다.
[해설]
흔히 사람들은 창의적인 사고에 대해 특별한 사람들만이 할 수 있는 대단한 능력이라고 생각하지만 그리 대단한 능력이 아니며 이미 알고 있는 경험과 지식을 해체하여 다시 새로운 정보로 결합하여 가치 있는 아이디어를 산출하는 사고라고 할 수 있다.

답 ②

ⓛ 발산적 사고 : 창의적 사고를 위해 필요한 것으로 자유연상법, 강제연상법, 비교발상법 등을 통해 개발할 수 있다.

구분	내용
자유연상법	생각나는 대로 자유롭게 발상 ex) 브레인스토밍
강제연상법	각종 힌트에 강제적으로 연결 지어 발상 ex) 체크리스트
비교발상법	주제의 본질과 닮은 것을 힌트로 발상 ex) NM법, Synectics

Point 》브레인스토밍
ⓐ 진행방법
• 주제를 구체적이고 명확하게 정한다.
• 구성원의 얼굴을 볼 수 있는 좌석 배치와 큰 용지를 준비한다.
• 구성원들의 다양한 의견을 도출할 수 있는 사람을 리더로 선출한다.
• 구성원은 다양한 분야의 사람들로 5~8명 정도로 구성한다.
• 발언은 누구나 자유롭게 할 수 있도록 하며, 모든 발언 내용을 기록한다.
• 아이디어에 대한 평가는 비판해서는 안 된다.
ⓑ 4대 원칙
• 비판엄금(Support) : 평가 단계 이전에 결코 비판이나 판단을 해서는 안 되며 평가는 나중까지 유보한다.
• 자유분방(Silly) : 무엇이든 자유롭게 말하고 이런 바보 같은 소리를 해서는 안 된다는 등의 생각은 하지 않아야 한다.
• 질보다 양(Speed) : 질에는 관계없이 가능한 많은 아이디어들을 생성해내도록 격려한다.
• 결합과 개선(Synergy) : 다른 사람의 아이디어에 자극되어 보다 좋은 생각이 떠오르고, 서로 조합하면 재미있는 아이디어가 될 것 같은 생각이 들면 즉시 조합시킨다.

② 논리적 사고 … 사고의 전개에 있어 전후의 관계가 일치하고 있는가를 살피고 아이디어를 평가하는 사고능력이다.
ⓐ 논리적 사고를 위한 5가지 요소 : 생각하는 습관, 상대 논리의 구조화, 구체적인 생각, 타인에 대한 이해, 설득
ⓑ 논리적 사고 개발 방법
• 피라미드 구조 : 하위의 사실이나 현상부터 사고하여 상위의 주장을 만들어가는 방법
• so what기법 : '그래서 무엇이지?'하고 자문자답하여 주어진 정보로부터 가치 있는 정보를 이끌어 내는 사고 기법

③ 비판적 사고 … 어떤 주제나 주장에 대해서 적극적으로 분석하고 종합하며 평가하는 능동적인 사고이다.
ⓐ 비판적 사고 개발 태도 : 비판적 사고를 개발하기 위해서는 지적 호기심, 객관성, 개방성, 융통성, 지적 회의성, 지적 정직성, 체계성, 지속성, 결단성, 다른 관점에 대한 존중과 같은 태도가 요구된다.

  © 비판적 사고를 위한 태도

   • 문제의식 : 비판적인 사고를 위해서 가장 먼저 필요한 것은 바로 문제의식이다. 자신이 지니고 있는 문제와 목적을 확실하고 정확하게 파악하는 깃이 비판적인 사고의 시작이다.

   • 고정관념 타파 : 지각의 폭을 넓히는 일은 정보에 대한 개방성을 가지고 편견을 갖지 않는 것으로 고정관념을 타파하는 일이 중요하다.

(2) 문제처리능력과 문제해결절차

① 문제처리능력 … 목표와 현상을 분석하고 이를 토대로 문제를 도출하여 최적의 해결책을 찾아 실행 · 평가하는 능력이다.

② 문제해결절차 … 문제 인식 → 문제 도출 → 원인 분석 → 해결안 개발 → 실행 및 평가

  〉 문제 인식 : 문제해결과정 중 'waht'을 결정하는 단계로 환경 분석 → 주요 과제 도출 → 과제 선정의 절차를 통해 수행된다.

   • 3C 분석 : 환경 분석 방법의 하나로 사업환경을 구성하고 있는 요소인 자사(Company), 경쟁사(Competitor), 고객(Customer)을 분석하는 것이다.

예제 3

L사에서 주력 상품으로 밀고 있는 TV의 판매 이익이 감소하고 있는 상황에서 귀하는 B부장으로부터 3C분석을 통해 해결방안을 강구해 오라는 지시를 받았다. 다음 중 3C에 해당하지 않는 것은?

① Customer   ② Company

③ Competitor   ④ Content

[출제의도]
3C의 개념과 구성요소를 정확히 숙지하고 있는지를 측정하는 문항이다.
[해설]
3C 분석에서 사업 환경을 구성하고 있는 요소인 자사(Company), 경쟁사(Competitor), 고객을 3C (Customer)라고 한다. 3C 분석에서 고객 분석에서는 '고객은 자사의 상품 · 서비스에 만족하고 있는지를, 자사 분석에서는 '자사가 세운 달성목표와 현상 간에 차이가 없는지'를 경쟁사 분석에서는 '경쟁기업의 우수한 점과 자사의 현상과 차이가 없는지'에 대한 질문을 통해서 환경을 분석하게 된다.

답 ④

- SWOT 분석 : 기업내부의 강점과 약점, 외부환경의 기회와 위협요인을 분석·평가하여 문제해결 방안을 개발하는 방법이다.

		내부환경요인	
		강점(Strengths)	약점(Weaknesses)
외부환경요인	기회 (Opportunities)	SO 내부강점과 외부기회 요인을 극대화	WO 외부기회를 이용하여 내부약점을 강점으로 전환
	위협 (Threat)	ST 외부위협을 최소화하기 위해 내부 강점을 극대화	WT 내부약점과 외부위협을 최소화

ⓒ 문제 도출 : 선정된 문제를 분석하여 해결해야 할 것이 무엇인지를 명확히 하는 단계로, 문제 구조 파악→핵심 문제 선정 단계를 거쳐 수행된다.

- Logic Tree : 문제의 원인을 파고들거나 해결책을 구체화할 때 제한된 시간 안에서 넓이와 깊이를 추구하는데 도움이 되는 기술로 주요 과제를 나무모양으로 분해·정리하는 기술이다.

ⓒ 원인 분석 : 문제 도출 후 파악된 핵심 문제에 대한 분석을 통해 근본 원인을 찾는 단계로 Issue 분석→Data 분석→원인 파악의 절차로 진행된다.

ⓔ 해결안 개발 : 원인이 밝혀지면 이를 효과적으로 해결할 수 있는 다양한 해결안을 개발하고 최선의 해결안을 선택하는 것이 필요하다.

ⓜ 실행 및 평가 : 해결안 개발을 통해 만들어진 실행계획을 실제 상황에 적용하는 활동으로 실행계획 수립→실행→Follow-up의 절차로 진행된다.

예제 4

C사는 최근 국내 매출이 지속적으로 하락하고 있어 사내 분위기가 심상치 않다. 이에 대해 Y부장은 이 문제를 극복하고자 문제처리 팀을 구성하여 해결방안을 모색하도록 지시하였다. 문제처리 팀의 문제해결 절차를 올바른 순서로 나열한 것은?

① 문제 인식 → 원인 분석 → 해결안 개발 → 문제 도출 → 실행 및 평가
② 문제 도출 → 문제 인식 → 해결안 개발 → 원인 분석 → 실행 및 평가
③ 문제 인식 → 원인 분석 → 문제 도출 → 해결안 개발 → 실행 및 평가
④ 문제 인식 → 문제 도출 → 원인 분석 → 해결안 개발 → 실행 및 평가

[출제의도]
실제 업무 상황에서 문제가 일어났을 때 해결 절차를 알고 있는지를 측정하는 문항이다.
[해설]
일반적인 문제해결절차는 '문제 인식→문제 도출→원인 분석→해결안 개발→실행 및 평가로 이루어진다.

답 ④

1 다음 〈표〉는 A~E 리조트의 1박 기준 일반요금 및 회원할인율에 관한 자료이다. 이에 대한 〈보기〉의 설명 중 옳은 것만을 모두 고르면?

〈비수기 및 성수기 일반요금(1박 기준)〉

(단위 : 천 원)

구분＼리조트	A	B	C	D	E
비수기	300	250	200	150	100
성수기	500	350	300	250	200

〈비수기 및 성수기 회원할인율(1박 기준)〉

(단위 : %)

구분	회원유형＼리조트	A	B	C	D	E
비수기	기명	50	45	40	30	20
	무기명	35	40	25	20	15
성수기	기명	35	30	30	25	15
	무기명	30	25	20	15	10

※ 회원할인율(%) $= \dfrac{\text{일반요금} - \text{회원요금}}{\text{일반요금}} \times 100$

〈보기〉

㉠ 리조트 1박 기준, 성수기 일반요금이 낮은 리조트일수록 성수기 무기명 회원요금이 낮다.

㉡ 리조트 1박 기준, B 리조트의 회원요금 중 가장 높은 값과 가장 낮은 값의 차이는 125,000원이다.

㉢ 할인율을 가장 크게 받는 방법으로 1박을 이용한다고 할 때의 회원요금은 1박 기준 일반요금이 가장 적은 경우를 기명으로 이용할 때의 회원요금의 2배가 넘는다.

① ㉠   ② ㉢

③ ㉠, ㉡   ④ ㉡, ㉢

㉠ A~E의 성수기 무기명 회원요금을 a~e라고 할 때,

- A : $30 = \dfrac{500 - a}{500} \times 100$

- B : $25 = \dfrac{350 - b}{350} \times 100$

- C : $20 = \dfrac{300 - c}{300} \times 100$

- D : $15 = \dfrac{250 - d}{250} \times 100$

- E : $10 = \dfrac{200 - e}{200} \times 100$

따라서 a=350, b=262.5, c=240, d=212.5, e=180이 되어 성수기 일반요금(A > B > C > D > E)이 낮아질수록 성수기 무기명 회원요금이 낮다.

㉡ B리조트의 다음 경우에 따른 회원요금을 각각 b_1, b_2, b_3, b_4라고 할 때

	기명	무기명
비수기	$45 = \dfrac{250 - b_1}{250} \times 100$, $b_1 = 137.5$	$40 = \dfrac{250 - b_2}{250} \times 100$, $b_2 = 150$
성수기	$30 = \dfrac{350 - b_3}{350} \times 100$, $b_3 = 245$	$25 = \dfrac{350 - b_4}{350} \times 100$, $b_4 = 262.5$

따라서 가장 높은 값($b_4 = 262.5$)과 가장 낮은 값($b_1 = 137.5$)의 차이는 125(천 원)이다.

㉢ 가장 큰 할인율(50)을 받는 A리조트 비수기 기명일 때 회원요금을 a라고 하면

$50 = \dfrac{300 - a}{300} \times 100$, $a = 150$

일반요금이 가장 적은 E리조트를 기명으로 이용할 때 회원요금을 e라고 하면

$20 = \dfrac{100 - e}{100} \times 100$, $e = 80$

Answer ↪ 1.③

2 전문가 6명(A~F)의 '회의 참여 가능 시간'과 '회의 장소 선호도'를 반영하여 〈조건〉을 충족하는 회의를 월요일 ~ 금요일 중에 개최하려 한다. 다음에 제시된 '표' 및 〈조건〉을 보고 판단한 것 중 옳은 것은?

〈회의 참여 가능 시간〉

전문가 \ 요일	월	화	수	목	금
A	13:00~16:20	15:00~17:30	13:00~16:20	15:00~17:30	16:00~18:30
B	13:00~16:10	–	13:00~16:10	–	16:00~18:30
C	16:00~19:20	14:00~16:20	–	14:00~16:20	16:00~19:20
D	17:00~19:30	–	17:00~19:30	–	17:00~19:30
E	–	15:00~17:10	–	15:00~17:10	–
F	16:00~19:20	–	16:00~19:20	–	16:00~19:20

〈회의 장소 선호도〉   (단위 : 점)

장소 \ 전문가	A	B	C	D	E	F
가	5	4	5	6	7	5
나	6	6	8	6	8	8
디	7	8	5	6	3	4

〈조건〉
1) 전문가 A~F 중 3명 이상이 참여할 수 있어야 회의 개최가 가능하다.
2) 회의는 1시간 동안 진행되며, 회의 참여자는 회의 시작부터 종료까지 자리를 지켜야 한다.
3) 회의 시간이 정해지면, 해당 일정에 참여 가능한 전문가들의 선호도를 합산하여 가장 높은 점수가 나온 곳을 회의 장소로 정한다.

① 금요일 16시에 회의를 개최할 경우 회의 장소는 '가'이다.

② 금요일 18시에 회의를 개최할 경우 회의 장소는 '다'이다.

③ A가 반드시 참여해야 할 경우 목요일 16시에 회의를 개최할 수 있다.

④ C, D를 포함하여 4명 이상이 참여해야 할 경우 금요일 17시에 회의를 개최할 수 있다.

 금요일 17시에 회의를 개최할 경우 C, D를 포함하여 A, B, F가 회의에 참여할 수 있다.

① 금요일 16시 회의에 참여 가능한 전문가는 A, B, C, F이며 네 명의 회의 장소 선호도는 '가: 19점', '나: 28점', '다: 24점'으로 가장 높은 점수인 '나'가 회의 장소가 된다.

② 금요일 18시 회의에 참여하는 전문가는 C, D, F이고 회의 장소 선호도를 합산한 결과 '나' 장소가 된다(나 : 22점 > 가 : 16점 > 다 : 15점).

③ 목요일 16시에 회의를 개최하면 참여 가능한 전문가는 A, E 둘뿐이므로 회의개최가 불가능하다.

3 다음 글을 근거로 판단할 때, A가 구매해야 할 재료와 그 양으로 옳은 것은?

> A는 아내, 아들과 함께 짬뽕을 만들어 먹기로 했다. 짬뽕요리에 필요한 재료를 사기 위해 근처 전통시장에 들른 A는 아래 〈조건〉을 만족하도록 재료를 모두 구매한다. 다만 짬뽕요리에 필요한 각 재료의 절반 이상이 냉장고에 있으면 그 재료는 구매하지 않는다.
>
> 〈조건〉
> 1) A와 아내는 각각 성인 1인분, 아들은 성인 0.5인분을 먹는다.
> 2) 매운 음식을 잘 먹지 못하는 아내를 고려하여 '고추'라는 단어가 들어간 재료는 모두 절반만 넣는다.
> 3) 아들은 성인 1인분의 새우를 먹는다.
>
> | 냉장고에 있는 재료 | 면 200g, 오징어 240g, 돼지고기 100g, 청양고추 15g, 양파 100g, 고추기름 100ml, 대파 10cm, 간장 80ml, 마늘 5g |
> |---|---|
> | 짬뽕요리 재료 (성인 1인분 기준) | 면 200g, 해삼 40g, 소라 30g, 오징어 60g, 돼지고기 90g, 새우 40g, 양파 60g, 양송이버섯 50g, 죽순 40g, 고추기름 20ml, 건고추 8g, 청양고추 10g, 대파 10cm, 마늘 10g, 청주 15ml |

① 면 200g
② 양파 50g
③ 새우 100g
④ 돼지고기 125g

 상황과 조건에 따른 내용을 정리해보면 다음과 같다.

요리 재료	필요량	냉장고에 있는 재료	구매여부(구매량)
면	$200 \times 2.5^{조건1)} = 500$	200	○(300)
해삼	$40 \times 2.5 = 100$	–	○(100)
소라	$30 \times 2.5 = 75$	–	○(75)
오징어	$60 \times 2.5 = 150$	240	×
돼지고기	$90 \times 2.5 = 225$	100	○(125)
새우	$40 \times 3^{조건3)} = 120$	–	○(120)
양파	$60 \times 2.5 = 150$	100	×
양송이버섯	$50 \times 2.5 = 125$	–	○(125)
죽순	$40 \times 2.5 = 100$	–	○(100)
고추기름	$20 \times 2.5 \times 0.5^{조건2)} = 25$	100	×
건고추	$8 \times 2.5 \times 0.5 = 10$	–	○(10)
청양고추	$10 \times 2.5 \times 0.5 = 12.5$	15	×
대파	$10 \times 2.5 = 25$	10	○(15)
마늘	$10 \times 2.5 = 25$	5	○(20)
청주	$15 \times 2.5 = 37.5$	–	○(37.5)
		간장 80	–

Answer 2.④ 3.④

4 A구와 B구로 이루어진 신도시 '가' 시에는 어린이집과 복지회관이 없다. 이에 '가' 시는 60억 원의 건축 예산을 사용하여 '건축비와 만족도'와 '조건'하에서 시민 만족도가 가장 높도록 어린이집과 복지회관을 신축하려고 한다. 다음을 근거로 판단할 때 옳지 않은 것은?

〈건축비와 만족도〉

지역	시설 종류	건축비(억 원)	만족도
A구	어린이집	20	35
A구	복지회관	15	30
B구	어린이집	15	40
B구	복지회관	20	50

〈조건〉

1) 예산 범위 내에서 시설을 신축한다.
2) 시민 만족도는 각 시설에 대한 만족도의 합으로 계산한다.
3) 각 구에는 최소 1개의 시설을 신축해야 한다.
4) 하나의 구에 동일 종류의 시설을 3개 이상 신축할 수 없다.
5) 하나의 구에 동일 종류의 시설을 2개 신축할 경우, 그 시설 중 한 시설에 대한 만족도는 20% 하락한다.

① '가' 시에 신축되는 시설의 수는 4개일 것이다.
② A구에는 어린이집이 신축될 것이다.
③ B구에는 2개의 시설이 신축될 것이다.
④ '조건 5'가 없더라도 신축되는 시설의 수는 달라지지 않을 것이다.

예산 60억 원을 모두 사용한다고 했을 때, 건축비 15억 원이 소요되는 시설 4개를 지을 수 있는 경우는 (조건 3, 4에 의해) 'A구에 복지회관 2개, B구에 어린이집 2개'인 경우(만족도 126)뿐이다. 3개를 지을 때 최대로 만족도를 얻을 수 있는 경우는 다음과 같다.

지역-시설종류	건축비	만족도	지역-시설종류	건축비	만족도
B-복지회관	20억 원	50	B-복지회관	20억 원	50
B-어린이집	15억 원	40	B-복지회관	20억 원	40[조건5)]
A-어린이집	20억 원	35	A-어린이집	20억 원	35
	55억 원	125		60억 원	125

따라서 A구에 복지회관 2개, B구에 어린이집 2개를 신축할 경우에 시민 만족도가 가장 높다.

5 H는 경복궁에서 시작하여 서울시립미술관, 서울타워 전망대, 국립중앙박물관까지 순서대로 관광하려 한다. '경복궁→ 서울시립미술관'은 도보로, '서울시립미술관→ 서울타워 전망대' 및 '서울타워 전망대→ 국립중앙박물관'은 각각 지하철로 이동해야 한다. 다음과 같은 조건하에서 H가 관광비용을 최소로 하여 관광하고자 할 때, H가 지불할 관광비용은 얼마인가? (단, 관광비용은 입장료, 지하철 요금, 상품가격의 합산 금액이다.)

〈입장료 및 지하철 요금〉

경복궁	서울시립미술관	서울타워전망대	국립중앙박물관	지하철
1,000원	5,000원	10,000원	1,000원	1,000원

※ 지하철 요금은 거리에 관계없이 탑승할 때마다 일정하게 지불하며, 도보 이동 시에는 별도 비용 없음

• H가 선택할 수 있는 상품은 다음 세 가지 중 하나이다.

상품	가격	혜택				
		경복궁	서울시립미술관	서울타워전망대	국립중앙박물관	지하철
스마트교통카드	1,000원	–	–	50% 할인	–	당일 무료
시티투어A	3,000원	30% 할인	30% 할인	30% 할인	30% 할인	당일 무료
시티투어B	5,000원	무료	–	무료	무료	–

① 11,000원
② 12,000원
③ 13,000원
④ 14,900원

 H가 이용할 수 있는 상품에 따라 관광비용을 계산해 보면 다음과 같다(지하철 두 번 이용).

상품	상품가격	입장료				지하철	합산 금액
		경복궁	서울시립미술관	서울타워전망대	국립중앙박물관		
스마트교통카드	1,000	1,000	5,000	5,000	1,000	0	13,000
시티투어A	3,000	700	3,500	7,000	700	0	14,900
시티투어B	5,000	0	5,000	0	0	2,000	12,000

따라서 H가 시티투어B를 선택했을 때 최소비용인 12,000원으로 관광할 수 있다.

Answer ➡ 4.② 5.②

6 '가' 은행 '나' 지점에서는 3월 11일 회계감사 관련 서류 제출을 위해 본점으로 출장을 가야 한다. 다음에 제시된 〈조건〉과 〈상황〉을 바탕으로 판단할 때, 출장을 함께 갈 수 있는 직원들의 조합으로 가능한 것은?

〈조건〉

1) 08시 정각 출발이 확정되어 있으며, 출발 후 '나' 지점에 복귀하기까지 총 8시간이 소요된다. 단, 비가 오는 경우 1시간이 추가로 소요된다.
2) 출장인원 중 한 명이 직접 운전하여야 하며, '운전면허 1종 보통' 소지자만 운전할 수 있다.
3) 출장시간에 사내 업무가 겹치는 경우에는 출장을 갈 수 없다.
4) 출장인원 중 부상자가 포함되어 있는 경우, 서류 박스 운반 지연으로 인해 30분이 추가로 소요된다.
5) 차장은 책임자로서 출장인원에 적어도 한 명 포함되어야 한다.
6) 주어진 조건 외에는 고려하지 않는다.

〈상황〉

1) 3월 11일은 하루 종일 비가 온다.
2) 3월 11일 당직 근무는 17시 10분에 시작한다.

직원	직급	운전면허	건강상태	출장 당일 사내 업무
A	차장	1종 보통	부상	없음
B	자장	2종 보통	건강	17시 15분 계약업체 담당
C	과장	없음	건강	17시 35분 고객 상담
D	과장	1종 보통	건강	당직 근무
E	대리	2종 보통	건강	없음

① A, B, C
② A, C, D
③ B, C, E
④ B, D, E

 3월 11일에 하루 종일 비가 온다고 했으므로 복귀하기까지 총 소요 시간은 9시간이므로 복귀 시간은 부상자 없을 경우 17시가 된다. 부상이 있는 A가 출장을 갈 경우, 17시 15분에 사내 업무가 있는 B, 17시 10분부터 당직 근무를 서야 하는 D는 A와 함께 출장을 갈 수 없다. ③의 경우 1종 보통 운전면허 소지자가 없다.

〈이번 달 담당의사별 진료 시간 안내〉

구분	신경외과							
	A과장		B과장		C과장		D과장	
	오전	오후	오전	오후	오전	오후	오전	오후
월요일	진료	수술	진료	수술	수술	진료	진료	수술
화요일	수술	진료	진료	수술	진료	수술	진료	수술
수요일	진료	수술	수술	진료	진료	수술	진료	수술
목요일	수술	진료	진료	수술	수술	진료	진료	수술
금요일	진료	수술	수술	진료	진료	수술	진료	수술
토요일	진료 또는 수술		진료		진료 또는 수술		수술	
토요일 휴무	넷째 주		둘째 주		첫째 주		셋째 주	

* 토요일 진료시간 : 09:00~13:00
* 평일 진료시간 : 09:00~12:30 / 14:00~18:00
* 접수마감 시간 : 오전 12:00, 오후 17:30

〈기타 안내사항〉
• 이번 달 15일(수)~18일(토)은 병원 내부 공사로 인해 외래진료 및 수술, 신규 환자 접수는 불가합니다.
• MRI 및 CT 촬영은 최소 3일 전 예약을 하셔야 합니다.
• 외래진료 시 MRI 등 영상 자료가 있어야 합니다(필요한 경우에 한함).
• 초진의 경우, 건강보험증을 지참하시고 원무과에서 접수를 하시기 바랍니다. 접수 후 진료실에서 진료를 마친 환자분께서는 다시 원무과로 오셔서 진료비를 수납 후 P창구에서 처방전을 받아 약을 받아 가시기 바랍니다. 예약 또는 재진하시는 환자분은 곧바로 진료실로 가셔서 진료 후 원무과에 수술 또는 영상 촬영 여부를 알려주시고 수술이신 경우 H창구에서 입원 수속을 하시고, 영상 촬영이 필요하신 분은 영상센터로 가시어 안내를 받으시기 바랍니다.

Answer 6.④

7 다음 중 위의 안내문에 대한 올바른 설명이 아닌 것은 어느 것인가?

① 일주일 전 예약을 하고 찾아 온 환자는 원무과를 거치지 않고 곧장 진료를 받으면 된다.

② 토요일 셋째 주에 수술이 가능한 의사는 A, C, D 과장이다.

③ 처음 내원한 환자는 '원무과 → 진료실 → 원무과 → P창구 → 약국'의 동선으로 이동하게 된다.

④ 평일의 경우, A ~ D 과장 모두 오전에 진료 일정이 더 많이 잡혀 있다.

 D과장은 토요일에 수술을 하지만, 셋째 주는 휴무이다. 토요일 셋째 주에 수술이 가능한 의사는 A, C이다.

① 예약과 재진 환자의 경우 진료실을 곧바로 찾아가면 된다.

③ 안내 사항에 언급되어 있다.

④ 평일의 경우, A ~ C 과장 모두 진료 일정이 '오전 3회〉 오후 2회'이며, D과장의 경우 진료 일정이 모두 오전에 잡혀 있다.

8 K씨는 평소 앓고 있던 허리 디스크를 고치기 위하여 '이번 달'에 수술을 하기로 결정하였다. W병원 신경외과의 A과장이나 C과장에게 꼭 수술을 받고자 하며, 가급적 오전에 수술하기를 원하는 K씨의 상황에 대한 다음 설명 중 올바른 것은 어느 것인가?

① 20일에 MRI 촬영 예약을 하여 23일에 MRI 촬영 및 진료 후 다음 날인 24일에 수술을 하면 된다.

② 25일에 A과장에게 수술을 받을 수 있다.

③ 수요일과 금요일에는 K씨가 원하는 시간에 수술을 받을 수 없다.

④ '이번 달'에 수술을 받을 수 있는 토요일은 모두 두 번 있다.

 15일이 수요일이라 했으므로 '이번 달'의 달력을 그려 A과장과 C과장의 오전 수술 일정을 확인해 보면 다음과 같다.

일	월	화	수	목	금	토
			1	2	3	4 C과장 X
5	6 C	7 A	8	9 A, C	10	11
12	13	14	15 공사	16 공사	17 공사	18 공사
19	20	21	22	23	24	25 A과장 X
26	27	28	29	30	(31)	

따라서 수요일과 금요일은 A과장과 C과장이 모두 오전 수술 일정이 없어 K씨가 원하는 시간에 수술을 받을 수 없는 요일이 된다.

① 24일은 금요일이므로 A과장이나 C과장의 오전 수술 일정이 없는 날이다.

② 25일은 넷째 주 토요일이므로 A과장 휴무일이다.

④ 공사가 예정되어 있는 18일을 제외하고 4일, 11일, 25일 토요일에 수술 받을 수 있다.

|9~10| 다음은 ○○연금공단에서 제공하는 휴양콘도 이용 안내문이다. 다음 안내문을 읽고 이어 지는 물음에 답하시오.

---

(1) 휴양콘도 이용대상
- 주말, 성수기 : 월평균소득이 243만 원 이하 근로자
- 평일 : 모든 근로자(월평균소득이 243만 원 초과자 포함), 특수형태근로종사자
- 이용희망일 2개월 전부터 신청 가능
- 이용희망일이 주말, 성수기인 경우 최초 선정일 전날 23시 59분까지 접수 요망. 이후에 접수할 경우 잔여객실 선정일정에 따라 처리

(2) 휴양콘도 이용우선순위
- 주말, 성수기
  - 주말 · 성수기 선정 박수가 적은 근로자
  - 이용가능 점수가 높은 근로자
  - 월평균소득이 낮은 근로자
  ※ 위 기준 순서대로 적용되며, 근로자 신혼여행의 경우 최우선 선정
- 평일 : 선착순

(3) 이용 · 변경 · 신청취소
- 선정결과 통보 : 이용대상자 콘도 이용권 이메일 발송
- 이용대상자로 선정된 후에는 변경 불가 → 변경을 원할 경우 신청 취소 후 재신청
- 신청취소는 「근로복지서비스 → 신청결과확인」 메뉴에서 이용일 10일 전까지 취소
  ※ 9일 전~1일 전 취소는 이용점수가 차감되며, 이용당일 취소 또는 취소 신청 없이 이용하지 않는 경우 (No-Show) 1년 동안 이용 불가
- 선정 후 취소 시 선정 박수에는 포함되므로 이용우선순위에 유의(평일 제외)
  ※ 기준년도 내 선정 박수가 적은 근로자 우선으로 자동선발하고, 차순위로 점수가 높은 근로자 순으로 선발하 므로 선정 후 취소 시 차후 이용우선순위에 영향을 미치니 유의하시기 바람
- 이용대상자로 선정된 후 타인에게 양도 등 부정사용 시 신청일부터 5년간 이용 제한

(4) 기본점수 부여 및 차감방법 안내
  ☞ 매년(년 1회) 연령에 따른 기본점수 부여

[월평균소득 243만 원 이하 근로자]

연령대	50세 이상	40~49세	30~39세	20~29세	19세 이하
점수	100점	90점	80점	70점	60점

※ 월평균소득 243만 원 초과 근로자, 특수형태근로종사자, 고용 · 산재보험 가입사업장 : 0점

☞ 기 부여된 점수에서 연중 이용점수 및 벌점에 따라 점수 차감

구분	이용점수(1박당)			벌점	
	성수기	주말	평일	이용취소 (9~1일 전 취소)	No-show (당일취소, 미이용)
차감점수	20점	10점	0점	50점	1년 사용제한

(5) 벌점(이용취소, No-show)부과 예외
• 이용자의 배우자·직계존비속 또는 배우자의 직계존비속이 사망한 경우
• 이용자 본인·배우자·직계존비속 또는 배우자의 직계존비속이 신체이상으로 3일 이상 의료기관에 입원하여 콘도 이용이 곤란한 경우
• 운송기관의 파업·휴업·결항 등으로 운송수단을 이용할 수 없어 콘도 이용이 곤란한 경우
※ 벌점부과 예외 사유에 의한 취소 시에도 선정박수에는 포함되므로 이용우선순위에 유의하시기 바람

9 다음 중 위의 안내문을 보고 올바른 콘도 이용계획을 세운 사람은?

① "난 이용가능 점수도 높아 거의 1순위인 것 같은데, 올 해엔 시간이 없으니 내년 여름휴가 때 이용할 콘도나 미리 예약해 둬야겠군."

② "경태 씨, 우리 신혼여행 때 휴양 콘도 이용 일정을 넣고 싶은데 이용가능점수도 낮고 소득도 좀 높은 편이라 어려울 것 같네요."

③ "여보, 지난 번 신청한 휴양콘도 이용자 선정 결과가 아직 안 나왔나요? 신청할 때 제 전화번호를 기재했다고 해서 계속 기다리고 있는데 전화가 안 오네요."

④ "영업팀 최 부장님은 50세 이상이라서 기본점수가 높지만 지난 번 성수기에 2박 이용을 하셨으니 아직 미사용 중인 20대 엄 대리가 점수 상으로는 좀 더 선정 가능성이 높겠군."

 50세인 최 부장은 기본점수가 100점 이었으나 성수기 2박 이용으로 40점(1박 당 20점)이 차감되어 60점의 기본점수가 남아 있으나 20대인 엄 대리는 미사용으로 기본점수 70점이 남아 있으므로 점수 상으로는 선정 가능성이 더 높다고 할 수 있다.
① 신청은 2개월 전부터 가능하므로 내년 이용 콘도를 지금 예약할 수는 없다.
② 신혼여행 근로자는 최우선 순위로 콘도를 이용할 수 있다.
③ 선정 결과는 유선 통보가 아니며 콘도 이용권을 이메일로 발송하게 된다.

Answer↱→ 9.④

10 다음 〈보기〉의 신청인 중 올해 말 이전 휴양콘도 이용 순위가 높은 사람부터 순서대로 올바르게 나열한 것은?

〈보기〉
- A씨 : 30대, 월 소득 200만 원, 주말 2박 선정 후 3일 전 취소(무벌점)
- B씨 : 20대, 월 소득 180만 원, 신혼여행 시 이용 예정
- C씨 : 40대, 월 소득 220만 원, 성수기 2박 기 사용
- D씨 : 50대, 월 소득 235만 원, 올 초 선정 후 5일 전 취소, 평일 1박 기 사용

---

① D씨 − B씨 − A씨 − C씨

② B씨 − D씨 − C씨 − A씨

③ C씨 − D씨 − A씨 − B씨

④ B씨 − D씨 − A씨 − C씨

모두 월 소득이 243만 원 이하이므로 기본점수가 부여되며, 다음과 같이 순위가 선정된다. 우선, 신혼여행을 위해 이용하고자 하는 B씨가 1순위가 된다. 다음으로 주말과 성수기 선정 박수가 적은 신청자가 우선순위가 되므로 주말과 성수기 이용 실적이 없는 D씨가 2순위가 된다. A씨는 기본점수 80점, 3일 전 취소이므로 20점(주말 2박) 차감을 감안하면 60점의 점수를 보유하고 있으며, C씨는 기본점수 90점, 성수기 사용 40점(1박 당 20점) 차감을 감안하면 50점의 점수를 보유하게 된다. 따라서 최종순위는 B씨 − D씨 − A씨 − C씨가 된다.

11 다음 자료를 읽고 2013년 '갑'국의 경제 상황을 2012년과 적절하게 비교한 설명을 〈보기〉에서 모두 고른 것은?

> '갑'국에서는 은퇴 생활자들이 이자 소득만으로 소비 생활을 영위하고 있다. '갑'국 경제의 2012년 이자율은 6%였고, 물가 상승률은 3%였다. 2013년에 이자율은 7%로, 물가 상승률은 3.5%로 상승하였다.

〈보기〉
㉠ 기업들의 투자는 증가하였을 것이다.
㉡ 기업들의 투자는 감소하였을 것이다.
㉢ 은퇴 생활자의 이자 소득은 명목 가치로도 증가하였고, 실질 가치로도 증가하였을 것이다.
㉣ 은퇴 생활자의 이자 소득은 명목 가치로는 증가하였지만, 실질 가치로는 감소하였을 것이다.

① ㉠, ㉢
② ㉠, ㉣
③ ㉡, ㉢
④ ㉡, ㉣

 '갑'국의 2012년 이자율은 6%였고, 물가상승률은 3%였다. 2013년에는 이자율은 7%로, 물가상승률은 3.5%로 상승하였다. 이 경우 물가상승을 감안한 실질이자율은 2012년 3%에서 2013년 3.5%로 상승하였고, 투자의 기회비용이 높아졌으므로 기업들의 투자는 감소하였을 것으로 판단할 수 있다. 따라서 ㉡와 ㉢의 설명만이 올바르게 비교한 것이 된다.

12 H 기업 영업부장인 甲은 차장 乙 그리고 직원 丙, 丁과 함께 총 4명이 장거리 출장이 가능하도록 배터리 완전충전 시 주행거리가 200km 이상인 전기자동차 1대를 선정하여 구매팀에 구매를 의뢰하려고 한다. 다음을 근거로 판단할 때, 甲이 선정하게 될 차량은?

❑ **배터리 충전기 설치**
• 구매와 동시에 회사 주차장에 배터리 충전기를 설치하려고 하는데, 배터리 충전시간(완속 기준)이 6시간을 초과하지 않으면 완속 충전기를, 6시간을 초과하면 급속 충전기를 설치하려고 한다.

❑ **정부 지원금**
• 정부는 전기자동차 활성화를 위하여 전기자동차 구매 보조금을 구매와 동시에 지원하고 있는데, 승용차는 2,000만 원, 승합차는 1,000만 원을 지원하고 있다. 승용차 중 경차는 1,000만 원을 추가로 지원한다.
• 배터리 충전기에 대해서는 완속 충전기에 한하여 구매 및 설치비용을 구매와 동시에 전액 지원하며, 2,000만 원이 소요되는 급속 충전기의 구매 및 설치비용은 지원하지 않는다.

❑ **차량 선택**
• 배터리 충전기 설치와 정부 지원금을 감안하여 甲은 차량 A~D 중에서 실구매 비용(충전기 구매 및 설치비용 포함)이 가장 저렴한 차량을 선택하려고 한다. 단, 실구매 비용이 동일할 경우에는 '점수 계산 방식'에 따라 점수가 가장 높은 차량을 구매하려고 한다.

❑ **점수 계산 방식**
• 최고속도가 120km/h 미만일 경우에는 120km/h를 기준으로 10km/h가 줄어들 때마다 2점씩 감점
• 승차 정원이 4명을 초과할 경우에는 초과인원 1명당 1점씩 가점

❑ **구매 차량 후보**

차량	A	B	C	D	E
최고속도(km/h)	130	100	140	120	120
완전충전 시 주행거리(km)	250	200	300	300	250
충전시간(완속 기준)	7시간	5시간	4시간	5시간	8시간
승차 정원	6명	8명	4명	5명	2명
차종	승용	승합	승용(경차)	승용	승용(경차)
가격(만 원)	5,000	6,000	8,000	8,000	4,000

① A
② B
③ C
④ D

승차 정원이 2명인 E를 제외한 나머지 차량의 차량별 실구매 비용을 계산하면 다음과 같다.

(단위 : 만 원)

차량	차량 가격	충전기 구매 및 설치비용	정부 지원금 (완속 충전기 지원금 제외)	실구매 비용
A	5,000	2,000	2,000	$5,000 + 2,000 - 2,000 = 5,000$
B	6,000	0(정부 지원금)	1,000	$6,000 + 0 - 1,000 = 5,000$
C	8,000	0(정부 지원금)	3,000	$8,000 + 0 - 3,000 = 5,000$
D	8,000	0(정부 지원금)	2,000	$8,000 + 0 - 2,000 = 6,000$

이 중 실구매 비용이 동일한 A, B, C에 대하여 '점수 계산 방식'에 따라 차량별 점수를 구하면 A는 승차 정원에서 2점의 가점을, B는 최고속도에서 4점의 감점과 승차 정원에서 4점의 가점을 받게 되고 C는 감점 및 가점이 없다. 따라서 甲이 선정하게 될 차량은 점수가 가장 높은 A가 된다.

13 ○○기업은 甲, 乙, 丙 3개 신문사를 대상으로 광고비를 지급하기 위해 3가지 선정 방식을 논의 중에 있다. 3개 신문사의 현황이 다음과 같을 때, 〈선정 방식〉에 따라 판단한 내용으로 옳지 않은 것은?

❐ 신문사 현황

신문사	발행부수(부)	유료부수(부)	발행기간(년)
甲	30,000	9,000	5
乙	30,000	11,500	10
丙	20,000	12,000	12

※ 발행부수 = 유료부수 + 무료부수

❐ 선정 방식

• 방식 1 : 항목별 점수를 합산하여 고득점 순으로 500만 원, 300만 원, 200만 원을 광고비로 지급하되, 80점 미만인 신문사에는 지급하지 않는다.

평가항목	항목별 점수			
발행부수 (부)	20,000 이상	15,000~19,999	10,000~14,999	10,000 미만
	50점	40점	30점	20점
유료부수 (부)	15,000 이상	10,000~14,999	5,000~9,999	5,000 미만
	30점	25점	20점	15점
발행기간 (년)	15 이상	12~14	9~11	6~8
	20점	15점	10점	5점

※ 항목별 점수에 해당하지 않을 경우 해당 항목을 0점으로 처리한다.

• 방식 2 : A등급에 400만 원, B등급에 200만 원, C등급에 100만 원을 광고비로 지급하되, 등급별 조건을 모두 충족하는 경우에만 해당 등급을 부여한다.

등급	발행부수(부)	유료부수(부)	발행기간(년)
A	20,000 이상	10,000 이상	10 이상
B	10,000 이상	5,000 이상	5 이상
C	5,000 이상	2,000 이상	2 이상

※ 하나의 신문사가 복수의 등급에 해당할 경우, 그 신문사에게 가장 유리한 등급을 부여한다.

• 방식 3 : 1,000만 원을 발행부수 비율에 따라 각 신문사에 광고비로 지급한다.

① 甲은 방식 3이 가장 유리하다.

② 乙은 방식 2이 가장 유리하다.

③ 방식 2로 선정할 경우, 丙은 甲보다 두 배의 광고비를 지급받는다.

④ 방식 1로 선정할 경우, 甲은 200만 원의 광고비를 지급받는다.

(Tip) 방식 1~3에 따른 甲, 乙, 丙 신문사가 받을 광고비는 다음과 같다.

구분	甲	乙	丙
방식 1	0원	300만 원	500만 원
방식 2	200만 원	400만 원	400만 원
방식 3	375만 원	375만 원	250만 원

④ 방식 1로 선정할 경우, 甲은 80점 미만을 득점하여 광고비를 지급받지 못한다.

14 甲 공단 재무부에서 근무하는 乙은 2018년도 예산을 편성하기 위해 2017년에 시행되었던 정책 A ~F에 대한 평가를 실시하였다. 평가 결과가 다음과 같을 때 乙이 분석한 내용으로 잘못된 것은?

□ 정책 평가 결과

(단위 : 점)

정책	계획의 충실성	계획 대비 실적	성과지표 달성도
A	96	95	76
B	93	83	81
C	94	96	82
D	98	82	75
E	95	92	79
F	95	90	85

• 정책 평가 영역과 각 영역별 기준 점수는 다음과 같다.
– 계획의 충실성 : 기준 점수 90점
– 계획 대비 실적 : 기준 점수 85점
– 성과지표 달성도 : 기준 점수 80점
• 평가 점수가 해당 영역의 기준 점수 이상인 경우 '통과'로 판단하고 기준 점수 미만인 경우 '미통과'로 판단한다.
• 모든 영역이 통과로 판단된 정책에는 전년과 동일한 금액을 편성하며, 2개 영역이 통과로 판단된 정책에는 전년 대비 10% 감액, 1개 영역만 통과로 판단된 정책에는 15% 감액하여 편성한다. 다만 '계획 대비 실적' 영역이 미통과인 경우 위 기준과 상관없이 15% 감액하여 편성한다.
• 2017년도 재무부의 A~F 정책 예산은 각각 20억 원으로 총 120억 원이었다.

---

① 전년과 동일한 금액의 예산을 편성해야 하는 정책은 총 2개이다.

② 재무부의 2018년도 A~F 정책 예산은 전년 대비 9억 원이 줄어들 것이다.

③ '성과지표 달성도' 영역에서 '통과'로 판단된 경우에도 예산을 감액해야 하는 정책이 있다.

④ 예산을 전년 대비 15% 감액하여 편성하는 정책들은 모두 '계획 대비 실적' 영역이 '미통과'로 판단되었을 것이다.

기준 점수에 따라 통과 및 미통과, 2018년도 예산편성을 정리하면 다음과 같다.

정책	계획의 충실성 (기준 점수 90점)	계획 대비 실적 (기준 점수 85점)	성과지표 달성도 (기준 점수 80점)	예산편성
A	통과	통과	미통과	10% 감액
B	통과	미통과	통과	15% 감액
C	통과	통과	통과	동일
D	통과	미통과	미통과	15% 감액
E	통과	통과	미통과	10% 감액
F	통과	통과	통과	동일

② 각 정책별 2018년도 예산은 A 18억, B 17억, C 20억, D 17억, E 18억, F 20억으로 총 110억 원이다. 따라서 재무부의 2018년도 A~F 정책 예산은 전년 대비 10억 원이 줄어든다.

① 전년과 동일한 금액의 예산을 편성해야 하는 정책은 C, F 총 2개이다.

③ 정책 B는 '성과지표 달성도' 영역에서 '통과'로 판단되었지만, '계획 대비 실적'에서 미통과로 판단되어 예산을 감액해야 한다.

④ 예산을 전년 대비 15% 감액하여 편성하는 정책들은 B와 D로 모두 '계획 대비 실적' 영역이 '미통과'로 판단되었다.

Answer⟶ 14.②

15 다음 글을 근거로 판단할 때 〈상황〉에 맞는 대안을 가장 적절히 연결한 것을 고르면?

> OO공사에서는 수익금의 일부를 기부하는 사랑의 바자회를 여름철에 정기적으로 실시하고 있다. 사랑의 바자회를 준비하고 있는 책임자는 바자회를 옥내에서 개최할 것인지 또는 야외에서 개최할 것인지를 검토하고 있는데, 여름철의 날씨와 장소 사용에 따라서 수익금액이 영향을 받는다. 사랑의 바자회를 담당한 주최측에서는 옥내 또는 야외의 개최장소를 결정하는 판단기준으로 일기상황과 예상수입을 토대로 하여 대안별 일기상황의 확률과 예상수입을 곱한 결과 값의 합계가 큰 대안을 선택한다.

〈상황〉

A : 옥내에서 대회를 개최하는 경우 비가 오면 수익금은 150만원 정도로 예상되고, 비가 오지 않으면 190만원 정도로 될 것으로 예상된다고 한다. 한편 야외에서 개최하는 경우 비가 오면 수익금은 70만원 정도로 예상되고, 비가 오지 않으면 300만원 정도로 예상된다고 한다. 일기예보에 의하면 행사 당일에 비가 오지 않을 확률은 70%라고 한다.

B : 옥내에서 대회를 개최하는 경우 비가 오면 수익금은 80만원 정도로 예상되고, 비가 오지 않으면 250만원 정도로 될 것으로 예상된다고 한다. 한편 야외에서 개최하는 경우 비가 오면 수익금은 60만원 정도로 예상되고, 비가 오지 않으면 220만원 정도로 예상된다고 한다. 일기예보에 의하면 행사 당일에 비가 올 확률은 60%라고 한다.

C : 옥내에서 대회를 개최하는 경우 비가 오면 수익금은 150만원 정도로 예상되고, 비가 오지 않으면 200만원 정도로 될 것으로 예상된다고 한다. 한편 야외에서 개최하는 경우 비가 오면 수익금은 100만원 정도로 예상되고, 비가 오지 않으면 210만원 정도로 예상된다고 한다. 일기예보에 의하면 행사 당일에 비가 오지 않을 확률은 20%라고 한다.

---

① A : 옥내, B : 옥내, C : 옥내   ② A : 옥내, B : 야외, C : 옥내

③ A : 야외, B : 옥내, C : 옥내   ④ A : 야외, B : 옥내, C : 야외

⑤ A : 야외, B : 야외, C : 야외

　　㉠ 상황 A : 야외 선택
　　　• 옥내 : $(150 \times 0.3) + (190 \times 0.7) = 178$(만원)
　　　• 야외 : $(70 \times 0.3) + (300 \times 0.7) = 231$(만원)
　　㉡ 상황 B : 옥내 선택
　　　• 옥내 : $(80 \times 0.6) + (250 \times 0.4) = 148$(만원)
　　　• 야외 : $(60 \times 0.6) + (220 \times 0.4) = 124$(만원)
　　㉢ 상황 C : 옥내 선택
　　　• 옥내 : $(150 \times 0.8) + (200 \times 0.2) = 160$(만원)
　　　• 야외 : $(100 \times 0.8) + (210 \times 0.2) = 122$(만원)

16 다음은 국제협력의 개념정의와 목표를 설명한 것이다. 각국의 국제협력 정책과 목표를 가장 적절히 연결한 것을 고르면?

국제협력은 국가간 및 국가와 국제기관 간의 모든 유·무상 자본협력, 교역협력, 기술·인력협력, 사회문화협력 등 국제사회에서 발생하는 다양한 형태의 교류를 총제적으로 지칭하는 개념이다.

UN은 다음과 같은 8가지 목표들로 구성된 새천년개발목표를 선언하였다. 새천년개발목표의 선언은 개발도상국의 빈곤문제가 개발도상국 자체만의 문제가 아니라 지구촌 전체의 문제라고 규정하면서 지구촌 모든 국가들의 적극적인 참여를 요청하는 계기가 되었다.

- 목표1 : 극심한 빈곤과 기아의 근절
- 목표2 : 초등교육 의무화 달성
- 목표3 : 성 평등 촉진과 여성권의 향상
- 목표4 : 아동사망률 감소
- 목표5 : 모자보건 향상
- 목표6 : 후천성 면역 결핍증(AIDS), 말라리아 등 질병 퇴치
- 목표7 : 환경의 지속가능성 보장
- 목표8 : 개발을 위한 글로벌 파트너십 조성

〈국가별 국제협력 정책〉
- A국 : 개발도상국에 도로건설 지원사업을 실시하면서 야생동물들의 서식지 파괴를 최소화 하고자 하였다.
- B국 : 빈곤국가인 Z국에 메르스 바이러스로 인한 감염 환자가 급증하자 의료진을 파견하고 재정을 지원하였다.
- C국 : 빈곤국가인 Y국에 대한 발전소 건립 지원사업의 중복문제를 해소하기 위해 국가 간 협력 네트워크에 참여하였다.

① A국 − 목표3   ② A국 − 목표5
③ B국 − 목표1   ④ C국 − 목표8

 ㉠ A국 : 야생동물의 서식지 파괴를 최소화하였으므로 '환경의 지속가능성 보장'(목표7)에 해당한다.
㉡ B국 : 메르스 바이러스 감염에 대해 의료진 파견과 재정지원을 하였으므로 '후천성 면역 결핍증(AIDS), 말라리아 등 질병 퇴치'(목표6)에 해당한다.
㉢ C국 : 국가 간 협력 네트워크에 참여한 것은 '개발을 위한 글로벌 파트너십 조성(목표8)'에 해당한다.

Answer ⟶ 15.③ 16.④

❚17~18❚ 다음은 지방자치단체(지자체) 경전철 사업분석의 결과로서 분야별 문제점을 정리한 것이다. 다음 물음에 답하시오.

분야	문제점
추진주체 및 방식	• 기초지자체 중심(선심성 공약 남발)의 무리한 사업추진으로 인한 비효율 발생 • 지자체의 사업추진 역량부족으로 지방재정 낭비심화 초래 • 종합적 표준지침 부재로 인한 각 지자체마다 개별적으로 추진
타당성 조사 및 계획수립	• 사업주관 지자체의 행정구역만을 고려한 폐쇄적 계획 수립 • 교통수요 예측 및 사업타당성 검토의 신뢰성·적정성 부족 • 이해관계자 참여를 통한 사업계획의 정당성 확보 노력 미흡
사업자 선정 및 재원지원	• 토목 및 건설자 위주 지분참여로 인한 고비용·저효율 시공 초래 • 민간투자사업 활성화를 위한 한시적 규제유예 효과 미비
노선건설 및 차량시스템 선정	• 건설시공 이익 검토미흡으로 인한 재원낭비 심화 • 국내개발 시스템 도입 활성화를 위한 방안 마련 부족

17 다음 〈보기〉에서 '추진주체 및 방식'이 문제점에 대한 개선방안을 모두 고르면?

〈보기〉
㉠ 이해관계자 의견수렴 활성화를 통한 사업추진 동력 확보
㉡ 지자체 역량 강화를 통한 사업관리의 전문성·효율성 증진
㉢ 교통수요 예측 정확도 제고 등 타당성 조사 강화를 위한 여건 조성
㉣ 경전철 사업관련 업무처리 지침 마련 및 법령 보완
㉤ 무분별한 해외시스템 도입 방지 및 국산기술·부품의 활성화 전략 수립
㉥ 상위교통계획 및 생활권과의 연계강화를 통한 사업계획의 체계성 확보
㉦ 시공이익에 대한 적극적 검토를 통해 총사업비 절감 효과 도모

① ㉠㉡
② ㉡㉣
③ ㉡㉣㉦
④ ㉣㉤㉥

㉡ : '지자체의 사업추진 역량부족으로 지방재정 낭비심화 초래'에 대한 개선방안이다.
㉣ : '종합적 표준지침 부재로 인한 각 지자체마다 개별적으로 추진'에 대한 개선방안이다.

18 다음 〈보기〉에서 '타당성 조사 및 계획수립'의 문제점에 대한 개선방안을 모두 고르면?

> ㉠ 이해관계자 의견수렴 활성화를 통한 사업추진 동력 확보
> ㉡ 지자체 역량 강화를 통한 사업관리의 전문성·효율성 증진
> ㉢ 교통수요 예측 정확도 제고 등 타당성 조사 강화를 위한 여건 조성
> ㉣ 경전철 사업관련 업무처리 지침 마련 및 법령 보완
> ㉤ 무분별한 해외시스템 도입 방지 및 국산기술·부품의 활성화 전략 수립
> ㉥ 상위교통계획 및 생활권과의 연계강화를 통한 사업계획의 체계성 확보
> ㉦ 시공이익에 대한 적극적 검토를 통해 총사업비 절감 효과 도모

① ㉠㉢㉥
② ㉠㉢㉦
③ ㉡㉢㉤
④ ㉡㉢㉥

 ㉠ : '이해관계자 참여를 통한 사업계획의 정당성 확보 노력 미흡'에 대한 개선방안이다.
㉢ : '교통수요 예측 및 사업타당성 검토의 신뢰성·적정성 부족'에 대한 개선방안이다.
㉥ : '사업주관 지자체의 행정구역만을 고려한 폐쇄적 계획 수립'에 대한 개선방안이다.

Answer↱ 17.② 18.①

19 다음은 난폭운전에 대한 문제점과 그 해결책이다. 각 문제점에 대한 해결책을 가장 적절히 연결한 것을 고르면?

〈문제점〉

㉠ 난폭운전의 개념자체가 모호한 상태이고 난폭운전에 대한 실질적인 단속과 처벌이 미흡하다. 난폭운전에 대한 명확한 개념정의가 없는 상태에서 포괄적인 규정인 안전운전 의무규정으로 단속을 하기 때문에 단속대상을 명확하게 인지할 수 없는 상황이다.

㉡ 난폭운전은 습관이나 정서불안 등 개인이 통제하기 어려운 요인에 의해 발생하게 되는데 고의적인 난폭운전자들에 대한 심리치료와 재발방지교육 프로그램이 미비하다.

〈해결책〉

A : 난폭운전의 적발가능성을 높여 실질적인 단속이 가능하도록 정책적 보완이 필요하다. 난폭운전이 빈번하게 발생하는 혼잡도로에 CCTV를 설치하여 집중단속을 실시하고 온라인으로 난폭운전을 신고할 수 있는 제도를 시행한다.

B : 난폭운전자들의 일반적인 습관이나 정서적인 요인 등을 분석하여 그들에게 맞는 교육 프로그램을 개발하고 이를 의무적으로 수강하게 하는 방안을 마련할 뿐 아니라 난폭운전 예방캠페인 등 다양한 매체를 활용한다.

C : 선진국의 입법례와 난폭운전의 여러 가지 양태들을 고려하여 난폭운전의 구체적 요건을 설정하여 난폭운전에 대한 명확한 정의를 내리고 난폭운전에 대한 직접적인 처벌규정을 마련한다.

① ㉠-A, ㉡-B
② ㉠-A, ㉡-C
③ ㉠-B, ㉡-A
④ ㉠-C, ㉡-B

 ㉠ : 난폭운전의 모호한 개념자체를 지적하고 있으므로 난폭운전의 구체적 요건을 설정한다는 C가 대안이다.

㉡ : 난폭운전자들에 대한 심리치료나 교육 프로그램의 미비를 지적하고 있으므로 교육 프로그램을 개발한다는 B가 대안이다.

20 다음은 건물주 甲이 판단한 입주 희망 상점에 대한 정보이다. 다음에 근거하여 건물주 甲이 입주시킬 두 상점을 고르면?

〈표〉 입주 희망 상점 정보

상점	월세(만원)	폐업위험도	월세 납부일 미준수비율
중국집	90	중	0.3
한식집	100	상	0.2
분식집	80	중	0.15
편의점	70	하	0.2
영어학원	80	하	0.3
태권도학원	90	상	0.1

※ 음식점 : 중국집, 한식집, 분식집
※ 학원 : 영어학원, 태권도학원

〈정보〉
• 건물주 甲은 자신의 효용을 극대화하는 상점을 입주시킨다.
• 甲의 효용 : 월세(만원)×입주 기간(개월)−월세 납부일 미준수비율×입주 기간(개월)×100 (만원)
• 입주 기간 : 폐업위험도가 '상'인 경우 입주 기간은 12개월, '중'인 경우 15개월, '하'인 경우 18개월
• 음식점 2개를 입주시킬 경우 20만원의 효용이 추가로 발생한다.
• 학원 2개를 입주시킬 경우 30만원의 효용이 추가로 발생한다.

① 중국집, 한식집
② 한식집, 분식집
③ 분식집, 태권도학원
④ 영어학원, 태권도학원

중국집 : $90 \times 15 - 0.3 \times 15 \times 100 = 900$
한식집 : $100 \times 12 - 0.2 \times 12 \times 100 = 960$
분식집 : $80 \times 15 - 0.15 \times 15 \times 100 = 975$
편의점 : $70 \times 18 - 0.2 \times 18 \times 100 = 900$
영어학원 : $80 \times 18 - 0.3 \times 18 \times 100 = 900$
태권도학원 : $90 \times 12 - 0.1 \times 12 \times 100 = 960$
분식집의 효용이 가장 높고, 한식집과 태권도학원이 960으로 같다. 음식점 2개를 입주시킬 경우 20만원의 효용이 추가로 발생하므로 분식집과 한식집을 입주시킨다.

21 G 음료회사는 신제품 출시를 위해 시제품 3개를 만들어 전직원을 대상으로 블라인드 테스트를 진행한 후 기획팀에서 회의를 하기로 했다. 독창성, 대중성, 개인선호도 세 가지 영역에 총 15점 만점으로 진행된 테스트 결과가 다음과 같을 때, 기획팀 직원들의 발언으로 옳지 않은 것은?

	독창성	대중성	개인선호도	총점
시제품 A	5	2	3	10
시제품 B	4	4	4	12
시제품 C	2	5	5	12

① 우리 회사의 핵심가치 중 하나가 창의성 아닙니까? 저는 독창성 점수가 높은 A를 출시해야 한다고 생각합니다.

② 독창성이 높아질수록 총점이 낮아지는 것을 보지 못하십니까? 저는 그 의견에 반대합니다.

③ 무엇보다 현 시점에서 회사의 재정상황을 타개하기 위해서는 대중성을 고려하여 높은 이윤이 날 것으로 보이는 C를 출시해야 하지 않겠습니까?

④ 저도 대중성과 개인선호도가 높은 C를 출시해야 한다고 생각합니다.

(Tip) ② 시제품 B는 C에 비해 독창성 점수가 2점 높지만 총점은 같다. 따라서 옳지 않은 발언이다.

22 다음은 이경제 씨가 금융 상품에 대해 상담을 받는 내용이다. 이에 대한 옳은 설명을 모두 고른 것은?

이경제 씨 : 저기 1,000만 원을 예금하려고 합니다.
    정기 예금 상품을 좀 추천해 주시겠습니까?
은행직원 : 원금에만 연 5%의 금리가 적용되는 A 상품과 원금뿐만 아니라 이자에 대해서도 연 4.5%의 금리가 적용되는 B 상품이 있습니다. 예금 계약 기간은 고객님께서 연 단위로 정하실 수 있습니다.

㉠ 이경제씨는 요구불 예금에 가입하고자 한다.
㉡ 이경제씨는 간접 금융 시장에 참여하고자 한다.
㉢ A 상품은 복리, B 상품은 단리가 적용된다.
㉣ 예금 계약 기간에 따라 이경제씨의 정기 예금 상품에 대한 합리적 선택은 달라질 수 있다.

① ㉠㉡   ② ㉠㉢

③ ㉡㉢   ④ ㉡㉣

 ㉠ 정기 예금은 저축성 예금에 해당한다.

㉢ A는 단리, B는 복리가 적용된 정기 예금 상품이다.

23 다음은 어느 레스토랑의 3C분석 결과이다. 이 결과를 토대로 하여 향후 해결해야 할 전략과제를 선택하고자 할 때 적절하지 않은 것은?

3C	상황 분석
고객 / 시장(Customer)	• 식생활의 서구화 • 유명브랜드와 기술제휴 지향 • 신세대 및 뉴패밀리 층의 출현 • 포장기술의 발달
경쟁 회사(Competitor)	• 자유로운 분위기와 저렴한 가격 • 전문 패밀리 레스토랑으로 차별화 • 많은 점포수 • 외국인 고용으로 인한 외국인 손님 배려
자사(company)	• 높은 가격대 • 안정적 자금 공급 • 업계 최고의 시장점유율 • 고객증가에 따른 즉각적 응대의 한계

① 원가 절감을 통한 가격 조정

② 유명브랜드와의 장기적인 기술제휴

③ 즉각적인 응대를 위한 인력 증대

④ 안정적인 자금 확보를 위한 자본구조 개선

 '안정적 자금 공급'이 자사의 강점이기 때문에 '안정적인 자금 확보를 위한 자본구조 개선'은 향후 해결해야 할 과제에 속하지 않는다.

Answer⌐→ 21.②   22.④   23.④

24 다음은 특보의 종류 및 기준에 관한 자료이다. ⊙과 ⓒ의 상황에 어울리는 특보를 올바르게 짝지은 것은?

<특보의 종류 및 기준>

종류	주의보	경보
강풍	육상에서 풍속 14m/s 이상 또는 순간풍속 20m/s 이상이 예상될 때. 다만, 산지는 풍속 17m/s 이상 또는 순간풍속 25m/s 이상이 예상될 때	육상에서 풍속 21m/s 이상 또는 순간풍속 26m/s 이상이 예상될 때. 다만, 산지는 풍속 24m/s 이상 또는 순간풍속 30m/s 이상이 예상될 때
호우	6시간 강우량이 70mm 이상 예상되거나 12시간 강우량이 110mm 이상 예상될 때	6시간 강우량이 110mm 이상 예상되거나 12시간 강우량이 180mm 이상 예상될 때
태풍	태풍으로 인하여 강풍, 풍랑, 호우 현상 등이 주의보 기준에 도달할 것으로 예상될 때	태풍으로 인하여 풍속이 17m/s 이상 또는 강우량이 100mm 이상 예상될 때. 다만, 예상되는 바람과 비의 정도에 따라 아래와 같이 세분한다.

		3급	2급	1급
	바람(m/s)	17~24	25~32	33이상
	비(mm)	100~249	250~399	400이상

종류	주의보	경보
폭염	6월~9월에 일최고기온이 33℃ 이상이고, 일최고열지수가 32℃ 이상인 상태가 2일 이상 지속될 것으로 예상될 때	6월~9월에 일최고기온이 35℃ 이상이고, 일최고열지수가 41℃ 이상인 상태가 2일 이상 지속될 것으로 예상될 때

> ⊙ 태풍이 남해안에 상륙하여 울산지역에 270mm의 비와 함께 풍속 26m/s의 바람이 예상된다.
> ⓒ 지리산에 오후 3시에서 오후 9시 사이에 약 130mm의 강우와 함께 순간풍속 28m/s가 예상된다.

	⊙	ⓒ
①	태풍경보 1급	호우주의보
②	태풍경보 2급	호우경보＋강풍주의보
③	태풍주의보	강풍주의보
④	태풍경보 2급	호우경보＋강풍경보

 ⊙ : 태풍경보 표를 보면 알 수 있다. 비가 270mm이고 풍속 26m/s에 해당하는 경우는 태풍경보 2급이다.

ⓒ : 6시간 강우량이 130mm 이상 예상되므로 호우경보에 해당하며 산지의 경우 순간풍속 28m/s 이상이 예상되므로 강풍주의보에 해당한다.

25 다음 진술이 참이 되기 위해 꼭 필요한 전제를 〈보기〉에서 고르면?

> 반장은 반에서 인기가 많다.

〈보기〉
- ⊙ 머리가 좋은 친구 중 몇 명은 반에서 인기가 많다.
- ⓛ 얼굴이 예쁜 친구 중 몇 명은 반에서 인기가 많다.
- ⓒ 반장은 머리가 좋다.
- ⓡ 반장은 얼굴이 예쁘다.
- ⓜ 머리가 좋거나 얼굴이 예쁘면 반에서 인기가 많다.
- ⓗ 머리가 좋고 얼굴이 예쁘면 반에서 인기가 많다.

① ⊙ⓒ   ② ⓛⓡ

③ ⓒⓗ   ④ ⓡⓜ

 반장은 머리가 좋다. 또는 반장은 얼굴이 예쁘다(ⓒ 또는 ⓡ).
머리가 좋거나 얼굴이 예쁘면 반에서 인기가 많다(ⓜ).
∴ 반장은 반에서 인기가 많다.
※ ⓗ의 경우 머리도 좋고 얼굴도 예뻐야 반에서 인기가 많다는 의미이므로 주어진 진술이
반드시 참이 되지 않는다.

Answer → 24.②   25.④

어린이집 입소기준
• 어린이집의 장은 당해시설에 결원이 생겼을 때마다 '명부 작성방법' 및 '입소 우선순위'를 기준으로 작성된 명부의 선 순위자를 우선 입소조치 한다.

명부작성방법
• 동일 입소신청자가 1·2순위 항목에 중복 해당되는 경우, 해당 항목별 점수를 합하여 점수가 높은 순으로 명부를 작성함
• 1순위 항목당 100점, 2순위 항목당 50점 산정
– 다만, 2순위 항목만 있는 경우 점수합계가 1순위 항목이 있는 자보다 같거나 높더라도 1순위 항목이 있는 자보다 우선순위가 될 수 없으며, 1순위 항목점수가 동일한 경우에 한하여 2순위 항목에 해당될 경우 추가합산 가능함
• 영유가 2자녀 이상 가구가 동일 순위일 경우 다자녀가구 자녀가 우선입소
• 대기자 명부 조정은 매분기 시작 월 1일을 기준으로 함

입소 우선순위
• 1순위
– 국민기초생활보장법에 따른 수급자
– 국민기초생활보장법 제24조의 규성에 의한 차상위계층의 자녀
– 장애인 중 보건복지부령이 정하는 장애 등급 이상에 해당하는 자의 자녀
– 아동복지시설에서 생활 중인 영유아
– 다문하가족의 영유아
– 자녀가 3명 이상인 가구 또는 영유아가 2자녀 가구의 영유아
– 산업단지 입주기업체 및 지원기관 근로자의 자녀로서 산업 단지에 설치된 어린이집을 이용하는 영유아
• 2순위
– 한부모 가족의 영유아
– 조손 가족의 영유아
– 입양된 영유아

26 어린이집에 근무하는 A씨가 접수합계를 내보니, 두 영유아가 1순위 항목에서 동일한 점수를 얻었다. 이 경우에는 어떻게 해야 하는가?

① 두 영유아 모두 입소조치 한다.

② 다자녀가구 자녀를 우선 입소조치 한다.

③ 한부모 가족의 영유아를 우선 입소조치 한다.

④ 2순위 항목에 해당될 경우 1순위 항목에 추가합산 한다.

 명부작성방법에서 1순위 항목점수가 동일한 경우에 한하여 2순위 항목에 해당될 경우 추가합산 가능하다고 나와 있다.

27 다음에 주어진 영유아들의 입소순위로 높은 것부터 나열한 것은?

> ㉠ 혈족으로는 할머니가 유일하나, 현재는 아동복지시설에서 생활 중인 영유아
>
> ㉡ 아버지를 여의고 어머니가 근무하는 산업단지에 설치된 어린이집을 동생과 함께 이용하는 영유아
>
> ㉢ 동남아에서 건너온 어머니와 가장 높은 장애 등급을 가진 한국인 아버지가 국민기초생활보장법에 의한 차상위 계층에 해당되는 영유아

① ㉠ − ㉡ − ㉢   ② ㉡ − ㉠ − ㉢

③ ㉡ − ㉢ − ㉠   ④ ㉢ − ㉡ − ㉠

 ㉢ 300점
㉡ 250점
㉠ 150점

Answer → 26.④ 27.④

┃28~30┃ 다음 조건을 읽고 옳은 설명을 고르시오.

28

> • 수학을 못하는 사람은 영어도 못한다.
> • 국어를 못하는 사람은 미술도 못한다.
> • 영어를 잘하는 사람은 미술도 잘한다.

> A : 수학을 잘하는 사람은 영어를 잘한다.
> B : 영어를 잘하는 사람은 국어를 잘한다.

① A만 옳다.
② B만 옳다.
③ A와 B 모두 옳다.
④ A와 B 모두 그르다.

 각 조건의 대우는 다음과 같다.
  • 영어를 잘하는 사람은 수학도 잘한다.
  • 미술을 잘하는 사람은 국어도 잘한다.
  • 미술을 못하는 사람은 영어도 못한다.
주어진 세 번째 조건과, 두 번째 조건의 대우를 연결하면 '영어를 잘하는 사람은 미술을 잘하고, 미술을 잘하는 사람은 국어도 잘한다'가 되므로 B는 옳다. A는 알 수 없다.

29

> • 날씨가 시원하면 기분이 좋다.
> • 배고프면 라면이 먹고 싶다.
> • 기분이 좋으면 마음이 차분하다.
> • '마음이 차분하면 배고프다'는 명제는 참이다.

> A : 날씨가 시원하면 라면이 먹고 싶다.
> B : 배고프면 마음이 차분하다.

① A만 옳다.
② B만 옳다.
③ A와 B 모두 옳다.
④ A와 B 모두 그르다.

날씨가 시원함→기분이 좋음→마음이 차분함→배고픔→라면이 먹고 싶음
따라서 A만 옳다.

30

- 과일 A에는 씨가 2개, 과일 B에는 씨가 1개 있다.
- 철수와 영수는 각각 과일 4개씩을 먹었다.
- 철수는 영수보다 과일 A를 1개 더 먹었다.
- 철수는 같은 수로 과일 A와 B를 먹었다.

A : 영수는 B과일을 3개 먹었다.
B : 두 사람이 과일을 다 먹고 나온 씨의 개수 차이는 1개이다.

① A만 옳다.
② B만 옳다.
③ A와 B 모두 옳다.
④ A와 B 모두 그르다.

 철수는 같은 수로 과일 A와 B를 먹었으므로 각각 2개씩 먹었다는 것을 알 수 있다. 철수는
영수보다 과일 A를 1개 더 먹었으므로, 영수는 과일 A를 1개 먹었다.

	A과일	B과일	씨의 개수
철수	2개	2개	6개
영수	1개	3개	5개

Answer → 28.② 29.① 30.③

04 조직이해능력

1 조직과 개인

(1) 조직

① 조직과 기업
  ㉠ 조직 : 두 사람 이상이 공동의 목표를 달성하기 위해 의식적으로 구성된 상호작용과 조정을 행하는 행동의 집합체
  ㉡ 기업 : 노동, 자본, 물자, 기술 등을 투입하여 제품이나 서비스를 산출하는 기관

② 조직의 유형

기준	구분	예
공식성	공식조직	조직의 규모, 기능, 규정이 조직화된 조직
	비공식조직	인간관계에 따라 형성된 자발적 조직
영리성	영리조직	사기업
	비영리조직	정부조직, 병원, 대학, 시민단체
조직규모	소규모 조직	가족 소유의 상점
	대규모 조직	대기업

(2) 경영

① 경영의 의미 … 경영은 조직의 목적을 달성하기 위한 전략, 관리, 운영활동이다.

② 경영의 구성요소
  ㉠ 경영목적 : 조직의 목적을 달성하기 위한 방법이나 과정
  ㉡ 인적자원 : 조직의 구성원·인적자원의 배치와 활용
  ㉢ 자금 : 경영활동에 요구되는 돈·경영의 방향과 범위 한정
  ㉣ 경영전략 : 변화하는 환경에 적응하기 위한 경영활동 체계화

③ 경영자의 역할

대인적 역할	정보적 역할	의사결정적 역할
• 조직의 대표자 • 조직의 리더 • 상징자, 지도자	• 외부환경 모니터 • 변화전달 • 정보전달자	• 문제 조정 • 대외적 협상 주도 • 분쟁조정자, 자원배분자, 협상가

(3) 조직체제 구성요소

① 조직목표 … 전체 조직의 성과, 자원, 시장, 인력개발, 혁신과 변화, 생산성에 대한 목표

② 조직구조 … 조직 내의 부문 사이에 형성된 관계

③ 조직문화 … 조직구성원들 간에 공유하는 생활양식이나 가치

④ 규칙 및 규정 … 조직의 목표나 전략에 따라 수립되어 조직구성원들이 활동범위를 제약하고 일관성을 부여하는 기능

예제 1

주어진 글의 빈칸에 들어갈 말로 가장 적절한 것은?

조직이 지속되게 되면 조직구성원들 간 생활양식이나 가치를 공유하게 되는데 이를 조직의 (㉠)라고 한다. 이는 조직구성원들의 사고와 행동에 영향을 미치며 일체감과 정체성을 부여하고 조직이 (㉡)으로 유지되게 한다. 최근 이에 대한 중요성이 부각되면서 긍정적인 방향으로 조성하기 위한 경영층의 노력이 이루어지고 있다.

① ㉠ : 목표, ㉡ : 혁신적   ② ㉠ : 구조, ㉡ : 단계적
③ ㉠ : 문화, ㉡ : 안정적   ④ ㉠ : 규칙, ㉡ : 체계적

[출제의도]
본 문항은 조직체계의 구성요소들의 개념을 묻는 문제이다.
[해설]
조직문화란 조직구성원들 간에 공유하게 되는 생활양식이나 가치를 말한다. 이는 조직구성원들의 사고와 행동에 영향을 미치며 일체감과 정체성을 부여하고 조직이 안정적으로 유지되게 한다.

답 ③

---

(4) 조직변화의 과정

환경변화 인지 → 조직변화 방향 수립 → 조직변화 실행 → 변화결과 평가

(5) 조직과 개인

개인	지식, 기술, 경험 → ← 연봉, 성과급, 인정, 칭찬, 만족감	조직

---

2 조직이해능력을 구성하는 하위능력

(1) 경영이해능력

① 경영 … 경영은 조직의 목적을 달성하기 위한 전략, 관리, 운영활동이다.

ㄱ 경영의 구성요소 : 경영목적, 인적자원, 자금, 전략

ㄴ 경영의 과정

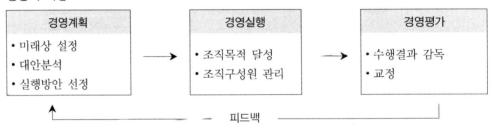

ㄷ 경영활동 유형

- 외부경영활동 : 조직외부에서 조직의 효과성을 높이기 위해 이루어지는 활동이다.
- 내부경영활동 : 조직내부에서 인적, 물적 자원 및 생산기술을 관리하는 것이다.

② 의사결정과정

ㄱ 의사결정의 과정

- 확인 단계 : 의사결정이 필요한 문제를 인식한다.
- 개발 단계 : 확인된 문제에 대하여 해결방안을 모색하는 단계이다.
- 선택 단계 : 해결방안을 마련하며 실행가능한 해결안을 선택한다.

ㄴ 집단의사결정의 특징

- 지식과 정보가 더 많아 효과적인 결정을 할 수 있다.
- 다양한 견해를 가지고 접근할 수 있다.
- 결정된 사항에 대하여 의사결정에 참여한 사람들이 해결책을 수월하게 수용하고, 의사소통의 기회도 향상된다.

- 의견이 불일치하는 경우 의사결정을 내리는데 시간이 많이 소요된다.
- 특정 구성원에 의해 의사결정이 독점될 가능성이 있다.

③ 경영전략

 ㉠ 경영전략 추진과정

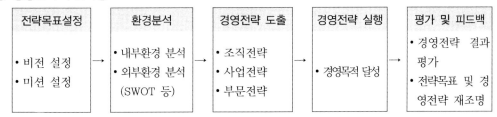

전략목표설정	환경분석	경영전략 도출	경영전략 실행	평가 및 피드백
• 비전 설정 • 미션 설정	• 내부환경 분석 • 외부환경 분석 (SWOT 등)	• 조직전략 • 사업전략 • 부문전략	• 경영목적 달성	• 경영전략 결과 평가 • 전략목표 및 경영전략 재조명

 ㉡ 마이클 포터의 본원적 경쟁전략

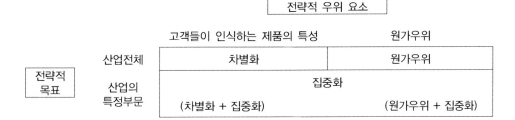

		전략적 우위 요소	
		고객들이 인식하는 제품의 특성	원가우위
전략적 목표	산업전체	차별화	원가우위
	산업의 특정부문	집중화 (차별화 + 집중화)	(원가우위 + 집중화)

④ 경영참가제도

　　㉠ 목적

　　　• 경영의 민주성을 제고할 수 있다.

　　　• 공동으로 문제를 해결하고 노사 간의 세력 균형을 이룰 수 있다.

　　　• 경영의 효율성을 제고할 수 있다.

　　　• 노사 간 상호 신뢰를 증진시킬 수 있다.

　　㉡ 유형

　　　• 경영참가 : 경영자의 권한인 의사결정과정에 근로자 또는 노동조합이 참여하는 것

　　　• 이윤참가 : 조직의 경영성과에 대하여 근로자에게 배분하는 것

　　　• 자본참가 : 근로자가 조직 재산의 소유에 참여하는 것

예제 3

다음은 중국의 H사에서 시행하는 경영참가제도에 대한 기사이다. 밑줄 친 이 제도는 무엇인가?

> H사는 '사람' 중심의 수평적 기업문화가 발달했다. H사는 이 제도의 시행을 통해 직원들이 경영에 간접적으로 참여할 수 있게 하였는데 이에 따라 자연스레 기업에 대한 직원들의 책임 의식도 강화됐다. 참여주주는 8만 2471명이다. 모두 H사의 임직원이며, 이 중 창립자인 CEO R은 개인 주주로 총 주식의 1.18%의 지분과 퇴직연금으로 주식총액의 0.21%만을 보유하고 있다.

① 노사협의회제도　　　　　　　② 이윤분배제도
③ 종업원지주제도　　　　　　　④ 노동주제도

[출제의도]
경영참가제도는 조직원이 자신이 속한 조직에서 주인의식을 갖고 조직의 의사결정과정에 참여할 수 있도록 하는 제도이다. 본 문항은 경영참가제도의 유형을 구분해낼 수 있는가를 묻는 질문이다.
[해설]
종업원지주제도 … 기업이 자사 종업원에게 특별한 조건과 방법으로 자사 주식을 분양·소유하게 하는 제도이다. 이 제도의 목적은 종업원에 대한 근검저축의 장려, 공로에 대한 보수, 자사에의 귀속의식 고취, 자사에의 일체감 조성 등이 있다.

답 ③

---

(2) 체제이해능력

① 조직목표 : 조직이 달성하려는 장래의 상태

　　㉠ 조직목표의 기능

　　　• 조직이 존재하는 정당성과 합법성 제공

　　　• 조직이 나아갈 방향 제시

　　　• 조직구성원 의사결정의 기준

　　　• 조직구성원 행동수행의 동기유발

　　　• 수행평가 기준

　　　• 조직설계의 기준

ⓛ 조직목표의 특징

- 공식적 목표와 실제적 목표가 다를 수 있음
- 다수의 조직목표 추구 가능
- 조직목표 간 위계적 상호관계가 있음
- 가변적 속성
- 조직의 구성요소와 상호관계를 가짐

② 조직구조

ⓖ 조직구조의 결정요인 : 전략, 규모, 기술, 환경

ⓛ 조직구조의 유형과 특징

유형	특징
기계적 조직	• 구성원들의 업무가 분명하게 규정 • 엄격한 상하 간 위계질서 • 다수의 규칙과 규정 존재
유기적 조직	• 비공식적인 상호의사소통 • 급변하는 환경에 적합한 조직

③ 조직문화

ⓖ 조직문화 기능

- 조직구성원들에게 일체감, 정체성 부여
- 조직몰입 향상
- 조직구성원들의 행동지침 : 사회화 및 일탈행동 통제
- 조직의 안정성 유지

ⓛ 조직문화 구성요소(7S) : 공유가치(Shared Value), 리더십 스타일(Style), 구성원(Staff), 제도 · 절차(System), 구조(Structure), 전략(Strategy), 스킬(Skill)

④ 조직 내 집단

ⓖ 공식적 집단 : 조직에서 의식적으로 만든 집단으로 집단의 목표, 임무가 명확하게 규정되어 있다.

예 임시위원회, 작업팀 등

ⓛ 비공식적 집단 : 조직구성원들의 요구에 따라 자발적으로 형성된 집단이다.

예 스터디모임, 봉사활동 동아리, 각종 친목회 등

(3) 업무이해능력

① 업무 … 업무는 상품이나 서비스를 창출하기 위한 생산적인 활동이다.

    ㉠ 업무의 종류

부서	업무(예)
총무부	주주총회 및 이사회개최 관련 업무, 의전 및 비서업무, 집기비품 및 소모품의 구입과 관리, 사무실 임차 및 관리, 차량 및 통신시설의 운영, 국내외 출장 업무 협조, 복리후생 업무, 법률자문과 소송관리, 사내외 홍보 광고업무
인사부	조직기구의 개편 및 조정, 업무분장 및 조정, 인력수급계획 및 관리, 직무 및 정원의 조정 종합, 노사관리, 평가관리, 상벌관리, 인사발령, 교육체계 수립 및 관리, 임금제도, 복리후생제도 및 지원업무, 복무관리, 퇴직관리
기획부	경영계획 및 전략 수립, 전사기획업무 종합 및 조정, 중장기 사업계획의 종합 및 조정, 경영정보 조사 및 기획보고, 경영진단업무, 종합예산수립 및 실적관리, 단기사업계획 종합 및 조정, 사업계획, 손익추정, 실적관리 및 분석
회계부	회계제도의 유지 및 관리, 재무상태 및 경영실적 보고, 결산 관련 업무, 재무제표 분석 및 보고, 법인세, 부가가치세, 국세 지방세 업무자문 및 지원, 보험가입 및 보상업무, 고정자산 관련 업무
영업부	판매 계획, 판매예산의 편성, 시장조사, 광고 선전, 견적 및 계약, 제조지시서의 발행, 외상매출금의 청구 및 회수, 제품의 재고 조절, 거래처로부터의 불민처리, 제품의 애프터서비스, 판매원가 및 판매가격의 조사 검토

예제 4

다음은 I기업의 조직도와 팀장님의 지시사항이다. H씨가 팀장님의 심부름을 수행하기 위해 연락해야 할 부서로 옳은 것은?

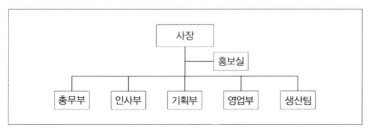

H씨! 내가 지금 너무 바빠서 그러는데 부탁 좀 들어줄래요? 다음 주 중에 사장님 모시고 클라이언트와 만나야 할 일이 있으니까 사장님 일정을 확인해주시구요. 이번 달에 신입사원 교육·훈련계획이 있었던 것 같은데 정확한 시간이랑 날짜를 확인해주세요.

① 총무부, 인사부
② 총무부, 홍보실
③ 기획부, 총무부
④ 영업부, 기획부

[출제의도]
조직도와 부서의 명칭을 보고 개략적인 부서의 소관 업무를 분별할 수 있는지를 묻는 문항이다.
[해설]
사장의 일정에 관한 사항은 비서실에서 관리하나 비서실이 없는 회사의 경우 총무부(또는 팀)에서 비서 업무를 담당하기도 한다. 또한 신입사원 관리 및 교육은 인사부에서 관리한다.

답 ①

ⓛ 업무의 특성
* 공통된 조직의 목적 지향
* 요구되는 지식, 기술, 도구의 다양성
* 다른 업무와의 관계, 독립성
* 업무수행의 자율성, 재량권

② 업무수행 계획
ⓐ 업무지침 확인 : 조직의 업무지침과 나의 업무지침을 확인한다.
ⓑ 활용 자원 확인 : 시간, 예산, 기술, 인간관계
ⓒ 업무수행 시트 작성
* 간트 차트 : 단계별로 업무의 시작과 끝 시간을 바 형식으로 표현
* 워크 플로 시트 : 일의 흐름을 동적으로 보여줌
* 체크리스트 : 수행수준 달성을 자가점검

Point ≫ 간트 차트와 플로 차트

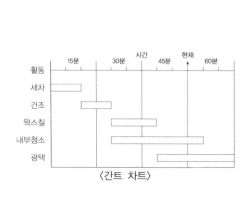

〈간트 차트〉

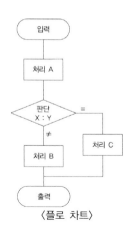

〈플로 차트〉

예제 5

다음 중 업무수행 시 단계별로 업무를 시작해서 끝나는 데까지 걸리는 시간을 바 형식으로 표시하여 전체 일정 및 단계별로 소요되는 시간과 각 업무활동 사이의 관계를 볼 수 있는 업무수행 시트는?

① 간트 차트
② 워크 플로 차트
③ 체크리스트
④ 퍼트 차트

---

③ 업무 방해요소

　　㉠ 다른 사람의 방문, 인터넷, 전화, 메신저 등

　　㉡ 갈등관리

　　㉢ 스트레스

(4) 국제감각

① 세계화와 국제경영

　㉠ 세계화 : 3Bs(국경 ; Border, 경계 ; Boundary, 장벽 ; Barrier)가 완화되면서 활동범위가 세계로 확대되는 현상이다.

　㉡ 국제경영 : 다국적 내지 초국적 기업이 등장하여 범지구적 시스템과 네트워크 안에서 기업 활동이 이루어지는 것이다.

② 이문화 커뮤니케이션 … 서로 상이한 문화 간 커뮤니케이션으로 직업인이 자신의 일을 수행하는 가운데 문화배경을 달리하는 사람과 커뮤니케이션을 하는 것이 이에 해당한다. 이문화 커뮤니케이션은 언어적 커뮤니케이션과 비언어적 커뮤니케이션으로 구분된다.

③ 국제 동향 파악 방법

　㉠ 관련 분야 해외사이트를 방문해 최신 이슈를 확인한다.

　㉡ 매일 신문의 국제면을 읽는다.

　㉢ 업무와 관련된 국제잡지를 정기구독 한다.

　㉣ 고용노동부, 한국산업인력공단, 산업통상자원부, 중소기업청, 상공회의소, 산업별인적자원개발협의체 등의 사이트를 방문해 국제동향을 확인한다.

　㉤ 국제학술대회에 참석한다.

　㉥ 업무와 관련된 주요 용어의 외국어를 알아둔다.

　㉦ 해외서점 사이트를 방문해 최신 서적 목록과 주요 내용을 파악한다.

　㉧ 외국인 친구를 사귀고 대화를 자주 나눈다.

④ 대표적인 국제매너

　㉠ 미국인과 인사할 때에는 눈이나 얼굴을 보는 것이 좋으며 오른손으로 상대방의 오른손을 힘주어 잡았다가 놓아야 한다.

　㉡ 러시아와 라틴아메리카 사람들은 인사할 때에 포옹을 하는 경우가 있는데 이는 친밀함의 표현이므로 자연스럽게 받아주는 것이 좋다.

　㉢ 명함은 받으면 꾸기거나 계속 만지지 않고 한 번 보고나서 탁자 위에 보이는 채로 대화하거나 명함집에 넣는다.

　㉣ 미국인들은 시간 엄수를 중요하게 생각하므로 약속시간에 늦지 않도록 주의한다.

　㉤ 스프를 먹을 때에는 몸쪽에서 바깥쪽으로 숟가락을 사용한다.

　㉥ 생선요리는 뒤집어 먹지 않는다.

　㉦ 빵은 스프를 먹고 난 후부터 디저트를 먹을 때까지 먹는다.

1 해외 법인에서 근무하는 귀하는 중요한 프로젝트의 계약을 앞두고 현지 거래처 귀빈들을 위한 식사 자리를 준비하게 되었다. 본사와 거래처의 최고 경영진들이 대거 참석하는 자리인 만큼 의전에도 각별히 신경을 써야 하는 매우 중요한 자리이다. 이러한 외국 손님들과의 식사 자리를 준비하는 에티켓에 관한 다음과 같은 설명 중 적절하지 않은 것은?

① 테이블의 모양과 좌석의 배치 등도 매우 중요하므로 반드시 팩스나 이메일로 사전에 참석자에게 정확하게 알려 줄 필요가 있다.

② 종교적 이유로 특정음식을 먹지 않는 고객의 유무 등 특별 주문 사항이 있는지를 미리 확인한다.

③ 상석(上席)을 결정할 경우, 나이는 많은데 직위가 낮으면 나이가 직위를 우선한다.

④ 최상석에 앉은 사람과 가까운 자리일수록 순차적으로 상석이 되며, 멀리 떨어진 자리가 말석이 된다.

 상석을 결정할 경우, 나이와 직위가 상충된다면 직위가 나이를 우선하게 된다. 또한 식사 테이블의 좌석을 정하는 에티켓으로는 여성 우선의 원칙, 기혼자 우선의 원칙 등이 있다.

2 다음에 제시된 두 개의 조직도에 해당하는 조직의 특성을 올바르게 설명하지 못한 것은?

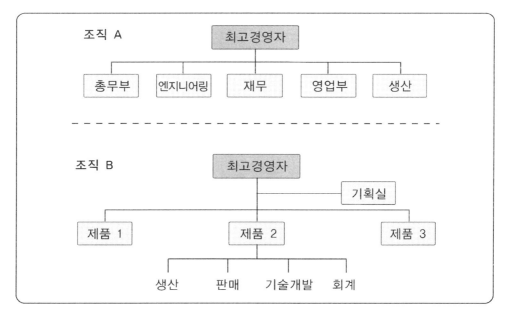

① 조직의 내부 효율성을 중요시하는 작은 규모 조직에서는 조직 A와 같은 조직도가 적합하다.

② 조직 A와 같은 조직도를 가진 조직은 결재 라인이 짧아 보다 신속한 의사결정이 가능하다.

③ 주요 프로젝트나 생산 제품 등에 의하여 구분되는 업무가 많은 조직에서는 조직 B와 같은 조직도가 적합하다.

④ 조직 B와 같은 조직도를 가진 조직은 내부 경쟁보다는 유사 조직 간의 협력과 단결된 업무 능력을 발휘하기에 더 적합하다.

 조직 B와 같은 조직도를 가진 조직은 사업이나 제품별로 단위 조직화되는 경우가 많아 사업조직별 내부 경쟁을 통해 긍정적인 발전을 도모할 수 있다.
환경이 안정적이거나 일상적인 기술, 조직의 내부 효율성을 중요시하며 기업의 규모가 작을 때에는 업무의 내용이 유사하고 관련성이 있는 것들을 결합해서 조직 A와 같은 조직도를 갖게 된다. 반대로, 급변하는 환경변화에 효과적으로 대응하고 제품, 지역, 고객별 차이에 신속하게 적응하기 위해서는 분권화된 의사결정이 가능한 사업별 조직구조 형태를 이룰 필요가 있다. 사업별 조직구조는 개별 제품, 서비스, 제품그룹, 주요 프로젝트나 프로그램 등에 따라 조직화된다. 즉, 조직 B와 같이 제품에 따라 조직이 구성되고 각 사업별 구조 아래 생산, 판매, 회계 등의 역할이 이루어진다.

Answer⤷ 1.③ 2.④

3 A사는 조직 구조 개편을 위해 관련 분야 전문가인 S사 대표를 초청하여 전 직원을 상대로 다음과 같은 내용의 강의를 진행하였다. S사 대표의 다음 강의 내용을 토대로 한 A사 직원들의 반응으로 가장 합리적인 것은?

> 작년 한 해 동인 세계적으로 많은 조직 개편사례가 있었습니다. 특히, 저희가 담당한 조직 개편은 57건이었는데, 실적 개선을 가져온 사례는 아쉽게도 33%에 못 미쳤습니다. 그리고 V그룹의 조사에 따르면 1,000명 이상 대기업 임원 1,600명 중 조직 개편이 성공적이라고 답한 사람은 50%도 안 되었다고 발표했습니다.
>
> 이렇게 조직 개편의 성공률이 낮다는 것을 먼저 말씀드리는 것은 조직 개편이 실패하면 기회비용뿐만 아니라 경영수지 악화, 생산성 하락, 직원 만족 저하와 같은 부작용도 발생하기 때문에 조직 개편에 대한 아주 신중한 접근이 필요하기 때문입니다.
>
> 하지만 이런 장애 요소가 매우 뚜렷함에도 불구하고, 조직 개편이 많은 기업의 성과 향상에 필수적으로 요구되는 것은 사실입니다. 결국 중요한 것은 어떻게 조직 개편을 해서 성공을 이끌어 낼 것이냐 하는 것이겠죠. 가장 첫 번째로 고려되는 것은 사업의 우선순위입니다. 기업은 새로운 고객 확보, 신제품 출시 고려, 비용 절감 등 다양한 목표를 두고 있습니다. 그렇기 때문에 구체적으로 어떤 사업에 우선성을 둘 것인지가 먼저 검토가 되어야 적절한 전략이나 개편 방향을 설정할 수 있습니다.
>
> 그렇게 조직 구조를 어느 정도 설정하면, 조직별로 적절한 인력을 배치해야 합니다. 조직의 사업 전략에 대한 이해와 그에 맞는 역량을 가진 사람을 리더 및 구성원으로 선별해야 원하는 성과를 얻어낼 수 있습니다. 물론 이를 위해서는 직원들의 역량에 대한 분석 및 파악을 바탕으로 한 인재 관리 능력이 요구됩니다.
>
> 그리고 협업을 촉진하기 위한 과정이 구축될 필요가 있습니다. 조직 구조 개편의 방향은 일반적으로 조직간 협업 활성화에 초점이 맞춰지는데, 이는 단순히 구조의 개편에 그치지 않고, 구성원들 간의 의식이 바뀌어야 하는 부분도 있습니다. 그렇기 때문에 협업의 촉진을 위해 조직 및 해당 구성원 간의 역할 및 책임에 대한 명확한 인식이 매우 중요하죠.

① "조직 개편의 성공률이 저렇게 낮다면, 이번 우리 회사 조직 개편은 무리하게 진행하지 않겠군."

② "기존의 조직 개편이 실패한 이유는 모두 인재 관리 능력이 부족하기 때문이군 그래."

③ "이번에 취임한 새 CEO는 조직 개편을 위해서 가장 먼저 각 부서 간 인력 재배치를 단행하겠군."

④ "이번 강의를 통해 우리 회사에서도 각 부서별 진행 사업 현황 보고와 각 사업 수행의 우선순위를 결정하려 하겠군."

조직 개편을 목표로 두고 있는 기업이 가장 먼저 고려해야 하는 것은 사업의 우선순위 결정이라는 점이 강의의 내용에 포함되어 있다.

① 강의의 핵심 내용은 조직 개편의 성공률이 낮다는 것이 아니라, 성공률을 높이기 위하여 필요한 것은 무엇인지를 설명하는 것이다. 따라서 적절한 판단이라고 보기 어렵다.

② 조직 개편의 성공을 위한 요소를 지적하였으나, 실패의 원인을 인재 관리 능력 부족으로 판단하는 것은 근거가 없다.

③ 조직 개편을 위해 가장 먼저 고려되어야 하는 것은 사업의 우선순위 선정이다. 이를 통해 조직 구조가 먼저 개편되어야 하며, 인력 재배치를 먼저 단행하는 것은 강의의 내용에 맞지 않는다.

4 업무를 수행할 때는 업무지침과 활용자원을 확인하여 구체적인 업무수행 계획을 수립하게 된다. 이러한 업무수행을 계획하는 다음과 같은 형식의 자료를 지칭하는 이름은 무엇인가?

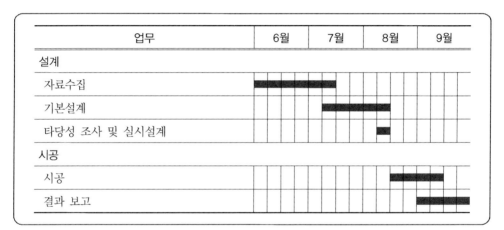

업무	6월	7월	8월	9월
설계				
자료수집	▬▬			
기본설계		▬▬		
타당성 조사 및 실시설계			▬	
시공				
시공			▬▬	
결과 보고				▬▬▬

① 워크 플로우 시트(work flow sheet) ② 간트 차트(Gantt chart)

③ 체크리스트(check list) ④ 대차대조표

간트 차트는 미국의 간트(Henry Laurence Gantt)가 1919년에 창안한 작업진도 도표로, 단계별로 업무를 시작해서 끝나는데 걸리는 시간을 바(bar) 형식으로 표시할 것이다. 이는 전체 일정을 한 눈에 볼 수 있고, 단계별로 소요되는 시간과 각 업무활동 사이의 관계를 보여줄 수 있다.

워크 플로우 시트는 일의 흐름을 동적으로 보여주는데 효과적이다. 특히 워크 플로우 시트에 사용하는 도형을 다르게 표현함으로써 주된 작업과 부차적인 작업, 혼자 처리할 수 있는 일과 다른 사람의 협조를 필요로 하는 일, 주의해야 할 일, 컴퓨터와 같은 도구를 사용해서 할 일 등을 구분해서 표현할 수 있다.

5 F기업에서는 경영혁신을 주제로 세미나가 개최되었고, 참여자들은 다음과 같은 의견을 피력하였다. 다음 중 A교수가 주장하는 제도의 도입 목적으로 적절한 것은?

> A교수는 한국의 기업들도 중장기적인 관점에서 노조의 경영참가를 제도화해야 한다고 주장했다. 특히, K사회학회에서 발간한 '21세기 노동사회의 조화'라는 토픽을 인용하며, 중장기적인 관점에서 한국형 경영참가 제도의 구상과 이를 바탕으로 한 산업별 교섭제도의 정착 및 공고화를 위해 제도 개선이 선행될 필요가 있다고 주장하였다. 뿐만 아니라 단기적으로는 조직화되지 않은 취약 노동자들이 조합을 형성할 수 있도록 돕고, 이에 가입하는 것에 진입장벽이 없도록 하는 조직 문화를 구축할 수 있는 사회적 배경이 필요하다고 주장했다. 이와 함께 과거 TV에서 방영한 노동자들의 현실을 그린 드라마의 일부를 소개하며, 이미 노동자들의 목소리가 이만큼 제시되고 있는 상황에서 이를 간과하는 것 역시 착취의 일환이라고 덧붙였다.
>
> B교수는 한국의 노동권은 경제 성장과 함께 많이 성숙되고 있었으나 IMF사태로 인해 20년간 신자유주의의 영향으로 후퇴에 가까운 모습을 보인다고 지적했다. 또한 한국이 선진국으로서 자칭하고 싶다면 노동의 품격을 바로 세우는 노동법제화가 이뤄져야 한다고 주장했다.
>
> C이사장은 양질의 일자리 창출에 대해 실제적으로 청년과 고학력 여성의 고용률이 높아지고, 비정규직의 남용과 차별의 해소를 위한 노력이 정부적 차원뿐만 아니라, 학계와 민간 측면에서도 경제계에 지속적인 제안이 필요하다고 주장하였다.

① 근로자를 경영과정에 참가시킴으로써 공동으로 문제를 해결하고 노사 간의 균형을 이루며 상호 신뢰로 경영의 효율을 향상시킨다.

② 소직 전체에서 근로자들이 자신의 위치를 파악하고, 조직 전체의 목적 달성에 합목적적인 행동을 하도록 한다.

③ 조직구성원들에게 일체감 또는 정체성 부여, 조직몰입 향상, 조직구성원들의 행동지침 제공을 위한 종합적인 개념이다.

④ 주주로서의 권리를 행사토록 하여, 고객에 대한 법적 보호가 확실하다는 점에서 기업의 신뢰를 향상시킬 수 있다.

 A교수는 중장기적으로 근로자를 경영에 참가시킬 것을 제시하고 있다. 이는 근로자의 경영참가제도로서, '근로자를 경영과정에 참가시킴으로써 공동으로 문제를 해결하고 노사 간의 균형을 이루며 상호 신뢰로 경영의 효율을 향상시키는 데에 그 목적이 있다고 할 수 있다.

② 이는 근로자 경영참가 제도뿐 아니라 노동자의 권익 보호를 강조하는 제시글의 내용과도 관련이 없다.

③ 조직문화에 대한 설명으로, 근로자 경영참가와는 무관한 내용이다.

④ 근로자에 대한 경영참가 제도를 강조하는 제시글에서 주주로서의 권한을 부여한다는 내용의 언급은 없으며, 주주로서의 권리 행사가 경영참가 제도의 도입 목적으로 볼 수는 없다.

6 다음은 조직 업무와 연결되어 실행되고 있는 업무 기능과 세부 활동 영역을 나타낸 표이다. 다음 표를 참고로 할 때, 〈보기〉의 A, B 업무를 수행하는 조직을 순서대로 바르게 나열한 것은?

관리 업무	세부 활동 내역
조달부	원자재의 납기 내 조달 및 검수
구매관리부	원자재의 구매, 품질 검사
생산관리부	제품의 최적 생산 관리
공정관리부	효율적인 제품 생산 지원을 위한 공정관리
창고관리부	생산된 제품의 일시적인 보관을 위한 창고 관리
재고관리부	최적 재고와 안전 재고 확보
마케팅관리부	생산된 제품의 판매와 마케팅 관리
영업관리부	영업사원을 통한 세일즈
고객관리부	고객 DB 및 만족도, 고객관계관리 업무
회계관리부	자금 조달, 현금 흐름, 원가관리, 세무관리
인사관리부	근태관리, 채용 및 급여관리, 업적평가, 복리후생관리
정보관리부	IT기반 정보기술, ERP, WEB기반 정보기술
기타관리부	기업 외부의 이해관계자 집단과의 관리 업무

〈보기〉
A. 교육, 업무 평가, 모집, 선발, 고용, 직무배치, 교육훈련
B. 조직의 매출을 분석하여 손익계산서, 대차대조표 등의 재무제표를 작성

① 생산관리부, 공정관리부
② 조달부, 영업관리부
③ 인사관리부, 정보관리부
④ 인사관리부, 회계관리부

 각 조직마다 명칭상의 차이는 조금씩 있으나, 인력 충원, 교육, 업무 평가, 모집, 선발, 고용, 직무배치, 종업원 후생복리, 교육훈련 등은 인사관리부(인사부, 인사팀, 인재개발팀 등)의 고유 업무이며, 조직의 매출을 분석하여 손익계산서, 대차대조표 등의 재무제표를 작성하는 업무는 회계관리부(회계부, 회계팀 등)의 업무이다.

Answer↱ 5.① 6.④

7 다음은 K공단의 남녀평등 실현 및 모성보호에 관한 내부 규정의 일부이다. 다음 규정을 참고할 때, 여성에게 부여된 권리의 내용으로 적절하지 않은 것은?

제24조(남녀평등실현) 회사는 모집과 채용, 임금, 임금이외의 금품 및 복리후생, 교육훈련 · 배치 및 승진, 정년 · 퇴직 및 해고 등과 관련하여 성별에 의한 차별을 하지 않는다. 또한 현존하는 차별을 해소하여 실질적인 남녀평등을 실현하기 위한 다양한 적극적 조치를 추진한다.

제25조(생리휴가) 여성에 대하여 월 1일의 유급 생리휴가를 제공한다. 사용하지 않은 생리휴가에 대하여는 해당 월의 임금지급 시 수당으로 지급한다.

제26조(임신 중의 여성보호 및 휴가)
1. 임신 중의 여성에 대하여 월 1일의 유급태아검진휴가를 제공한다.
2. 태아나 모체의 건강상 요양이 필요한 경우 의사의 소견에 따라 유급휴가를 제공한다.
3. 임신 중인 여성의 모성보호를 위하여 본인의 요청이 있을 시 출퇴근시간을 조정할 수 있다.

제27조(산전후휴가)
1. 임신 중의 여성에 대하여는 산전, 후를 통하여 100일의 유급보호휴가를 제공하고, 산후에 70일 이상이 확보되도록 한다.
2. 배우자가 출산하였을 경우 7일의 유급출산 간호휴가를 제공한다.

제28조(유 · 사산휴가)
1. 임신 4개월 미만의 유산의 경우, 의사소견에 따라 30일 이내의 유급휴가를 제공한다.
2. 4개월 이상 8개월 미만의 유산, 조산, 사산의 경우 50일 이내의 유급휴가를 제공한다.
3. 8개월 이상의 조산, 사산의 경우 출산과 동일한 유급휴가를 제공한다.

제29조(수유시간) 생후 1년 미만의 영아를 가진 여성에 대하여는 1일 1시간씩의 수유시간을 제공하여야 하며, 조건이 마련되지 않은 경우에는 출퇴근시간을 조정한다.

제30조(육아휴직)
1. 만 8세 이하 또는 초등학교 2학년 이하의 자녀(입양한 자녀를 포함한다)양육을 위해 육아휴직을 신청하는 경우 1년 이내의 육아휴직을 제공한다.
2. 육아휴직기간 중(출산휴가 제외) 사회보험 또는 국가재정에 의해 지급되는 부분을 포함하여 최초의 3개월은 본인 평균임금의 70%, 그 이후는 50%가 되도록 지급한다.

① 생리휴가를 사용하지 않은 여성에 대하여는 해당 일수만큼의 수당이 지급된다.
② 임신 중인 여성은 필요 시 매월 휴가 및 출퇴근시간 조정을 할 수 있다.
③ 임신 중인 여성은 필요 시 산전 최대 50일까지의 유급휴가를 사용할 수 있다.
④ 유산을 하게 된 경우 최대 30~50일 간의 유급휴가가 제공된다.

 산전과 후 100일의 유급휴가를 사용할 수 있으나, 산후에 70일 이상이 확보되어야 하므로 산전에는 최대 30일의 유급휴가를 사용할 수 있다고 규정되어 있다.
② 월 1일의 유급태아검진휴가 및 본인 요청에 의한 출퇴근시간 조정이 가능하다고 규정하고 있다.
③ 유산을 하게 된 시점에 따라 30일 이내 또는 50일 이내의 유급휴가가 제공된다.

8 조직문화에 관한 다음 글의 말미에서 언급한 밑줄 친 '몇 가지 기능'에 해당한다고 보기 어려운 것은?

> 개인의 능력과 가능성을 판단하는데 개인의 성격이나 특성이 중요하듯이 조직의 능력과 가능성을 판단할 때 조직문화는 중요한 요소가 된다. 조직문화는 주어진 외부환경 속에서 오랜 시간 경험을 통해 형성된 기업의 고유한 특성을 말하며, 이러한 기업의 나름대로의 특성을 조직문화란 형태로 표현하고 있다. 조직문화에 대한 연구가 활발하게 전개된 이유 가운데 하나는 '조직문화가 기업경쟁력의 한 원천이며, 조직문화는 조직성과에 영향을 미치는 중요한 요인'이라는 기본 인식에 바탕을 두고 있다.
>
> 조직문화는 한 개인의 독특한 성격이나 한 사회의 문화처럼 조직의 여러 현상들 중에서 분리되어질 수 있는 성질의 것이 아니라, 조직의 역사와 더불어 계속 형성되고 표출되며 어떤 성과를 만들어 나가는 종합적이고 총체적인 현상이다. 또한 조직문화의 수준은 조직문화가 조직 구성원들에게 어떻게 전달되어 지각하는가를 상하부구조로서 설명하는 것이다. 조직문화의 수준은 그것의 체계성으로 인하여 조직문화를 쉽게 이해하는데 도움을 준다.
>
> 한편, 세계적으로 우수성이 입증된 조직들은 그들만의 고유의 조직문화를 조성하고 지속적으로 다듬어 오고 있다. 그들에게 조직문화는 언제나 중요한 경영자원의 하나였으며 일류조직으로 성장할 수 있게 하는 원동력이었던 것이다. 사업의 종류나 사회 및 경영환경, 그리고 경영전략이 다른데도 불구하고 일류조직은 나름의 방식으로 조직문화적인 특성을 공유하고 있는 것으로 확인되었다.
>
> 기업이 조직문화를 형성, 개발, 변화시키려고 노력하는 것은 조직문화가 기업경영에 효율적인 작용과 기능을 하기 때문이다. 즉, 조직문화는 기업을 경영함에 있어 매우 중요한 <u>몇 가지 기능</u>을 수행하고 있다.

① 조직의 영역을 정의하여 구성원에 대한 정체성을 제공한다.

② 이직률을 낮추고 외부 조직원을 흡인할 수 있는 동기를 부여한다.

③ 조직의 성과를 높이고 효율을 제고할 수 있는 역할을 한다.

④ 개인적 이익보다는 조직을 위한 몰입을 촉진시킨다.

 제시된 글에서는 조직문화의 기능 중 특히 조직 성과와의 연관성을 언급하고 있기도 하다. 강력하고 독특한 조직문화는 기업이 성과를 창출하는 데에 중요한 요소이며, 종업원들의 행동을 방향 짓는 강력한 지렛대의 역할을 한다고도 볼 수 있다. 그러나 이러한 조직문화가 조직원들의 단합을 이끌어 이직률을 일정 정도 낮출 수는 있으나, 외부 조직원을 흡인할 수 있는 동기로 작용한다고 보기는 어렵다. 오히려 강력한 조직문화가 형성되어 있을 경우, 외부와의 융합이 어려울 수 있으며, 타 조직과의 단절을 통하여 '그들만의 세계'로 인식될 수 있다. 따라서 조직문화를 통한 외부 조직원의 흡인은 조직문화를 통해 기대할 수 있는 기능으로 볼 수는 없다.

Answer 7.③ 8.②

9 다음은 T사의 휴직과 그에 따른 요건 등을 나타낸 규정이다. 〈보기〉와 같은 T사 직원들의 휴직 예정 내역 중 규정에 맞지 않는 사람을 모두 고른 것은 어느 것인가?
(언급되지 않은 사항은 휴직 요건에 해당된다고 가정한다.)

구분	청원휴직(인력상황 등을 고려하여 임용권자가 휴직을 명함)					직권휴직	
	육아휴직	배우자 동반휴직	연수휴직	가사/간병 휴직	자기개발 휴직	질병휴직	군입대휴직
휴직기간	자녀 1명당 3년 내	3년 이내 (2년 연장 가능)	2년 이내	1년 이내 (재직 중 3년 내)	1년 (10년 재직 후 재휴직 가능)	1년 이내 (부득이한 경우 1년 연장 가능)	복무기간
요건	만 8세 이하 또는 초등학교 2학년 이하의 자녀 양육자	외국에서 근무, 유학 또는 연수하는 배우자 동반	기관장 지정 연구·교육 기관 등에서 연수	장기간 요양을 요하는 부모·배우자·자녀, 배우자의 부모 간호	연구과제 수행, 교육기관 등 교육과정 수행 개인주도 학습 등	신체, 정신상의 장애로 장기요양을 요할 때	병역복무를 필하기 위해 징 소집 되었을 때
증빙서류	주민등록등본 임신진단서	배우자 출국 사실 확인서, 출입국 증명서	–	가족관계 증명서, 간병 대상자 병원진단서	별도 서류	병원 진단서	입영통지서, 군복무 확인서

〈보기〉
- A씨 : 초등학교 1학년인 아들의 육아를 위해 1년간의 휴직을 준비하고 있다.
- B씨 : 같은 직장에 다니는 남편의 해외 주재원 근무 발령에 따라 본사 복귀 시까지의 기간을 고려, 다른 휴직을 사용한 경험이 없으므로 4년의 휴직을 한 번에 사용할 계획이다.
- C씨 : 신체상의 문제로 인해 1년 6개월 전부터 질병휴직을 사용하고 있으며, 추가 1년의 요양이 필요하다는 병원 진단서가 있음에도 6개월 후 우선 복직을 하여 다른 방법을 알아보려 한다.
- D씨 : 과거 노부모 간병을 위해 간헐적으로 2년 6개월간의 간병 휴직을 사용한 적이 있으며, 지난 주 갑작스런 사고를 당한 배우자를 위해 병원진단서를 첨부하여 추가 1년의 간병 휴직을 계획하고 있다.

① B씨, D씨
② A씨, B씨, D씨
③ C씨, D씨
④ B씨, C씨, D씨

A씨 - [○] 초등학교 2학년 이하의 자녀 양육이므로 육아휴직의 요건에 해당된다.

B씨 - [×] 배우자 동반 휴직에 해당되므로 3년 이내의 휴직이 허용되며, 4년을 원할 경우, 2년 연장을 하여야 한다. 최초 4년을 한 번에 사용할 수 없으며 다른 휴직 유무와는 관계없다.

C씨 - [○] 질병 휴직을 1년 연장하여 2년간 사용하는 경우에 해당되므로 병원 진단서와 관계없이 우선 2년 후 복직을 하여야 한다.

D씨 - [×] 간병 휴직의 기간이 총 3년 6개월이 되어 재직 중 3년 이내라는 규정에 맞지 않게 된다.

10 문화 충격(culture shock)은 한 문화권에 속한 사람이 다른 문화를 접하게 되었을 때 체험하는 충격을 의미한다. 이 문화 충격에는 부정적인 영향 뿐 아니라 긍정적인 영향도 함께 존재하게 되는데, 다음 중 문화 충격의 긍정적인 영향으로 보기에 적절하지 않은 것은?

① 끊임없이 변화하는 환경에 대처하는 과정에 새로운 반응이 필요한 체류자에게 배울 기회를 제공한다.

② 대부분의 사람들은 독특하고 특별한 목표를 추구하는 경향이 있어서 문화 충격은 우리들에게 새로운 자아실현과 목표를 이룰 동기가 될 수 있다.

③ 문화 충격은 극단적으로 높은 수준의 불안을 제공하여 그로 인한 학습량이 늘어나게 해 주는 역할을 하기도 한다.

④ 문화 충격은 문화 배경이 다른 사람들을 다루는 과정을 통하여 해외 체류자에게 도전과 성취감을 줄 수 있다.

불안의 수준이 일정한 정도까지 높아질 때 학습량이 늘어나게 된다. 문화 충격은 우리가 새로운 문화와 우리 자신에 관하여 배우도록 하는, 높지만 극단적으로 높은 수준이 아닌 불안을 제공할 때 긍정적인 영향이 생겨나게 된다.

Answer╭→ 9.① 10.③

｜11~12｜ 다음은 사립학교교직원연금공단의 조직도이다. 이어지는 각 물음에 답하시오.

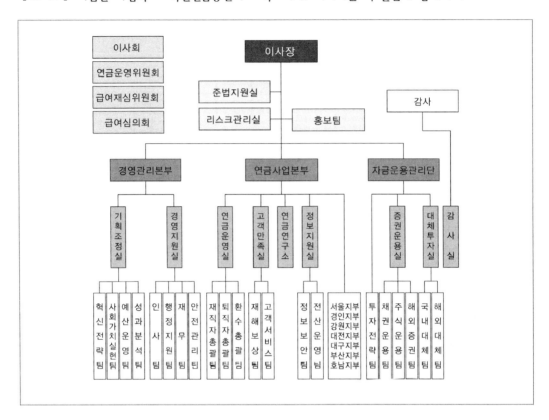

11 〈보기〉는 공단 임직원 A~C가 담당하고 있는 업무를 나타낸 것이다. A~C가 소속된 실의 명칭이 순서대로 바르게 나열된 것은?

〈보기〉
- A : 기금운용 내부통제 관련 업무, 소송 및 규정 관련 업무, 급여재심 관련 업무 등
- B : 사회공헌활동 운영 추진, 일자리 창출 및 공정사회 구현 업무 추진, 상생과 협력의 지역발전 업무 추진 등
- C : 국내채권 직접투자 업무, 국내 공모 주식 관련 사채투자 업무, 국내채권 운용 및 조사분석 등

① 기획조정실, 기획조정실, 대체투자실
② 준법지원실, 기획조정실, 증권운용실
③ 기획조정실, 경영지원실, 증권운용실
④ 준법지원실, 경영지원실, 연금운영실

A는 소송, 재심 등 법 관련 업무를 담당하는 '준법지원실' 소속이며, B는 기획조정실 소속의 사회가치실현팀 업무를 담당하고 있다. 또, C는 채권 관련 업무를 맡고 있는 '채권운용팀'에 속해 있으며, 채권운용팀은 '증권운용실'에 속해 있다.

12 다음은 사학연금공단의 내부 윤리경영을 추진하기 위해 필요한 조직 및 담당 업무를 나타낸 것이다. 조직도를 참고하여 ㉠과 ㉡에 들어갈 알맞은 것은?

구분	내용
준법지원실	기금운용 내부통제 • 준법감시
인권경영위원회	인권 자문 • 심의 • 의결
윤리운영위원회	윤리정책 결정
청렴서포터즈	청렴 모니터링/심사
㉠	인권경영 추진, 윤리/인권경영위원회 운영
㉡	반부패 • 청렴 활동 및 문화 확산, 내부견제시스템, 갑질 근절 계획수립 및 운영 총괄

　　　㉠　　　　　　　　　　　㉡
① 고객서비스팀　　　　　　리스크관리실
② 고객서비스팀　　　　　　사회가치실현팀
③ 사회가치실현팀　　　　　감사실
④ 사회가치실현팀　　　　　리스크관리실

 공단 내부 윤리경영 추진조직에 대한 설명이므로, ㉠에 해당하는 조직으로 '고객서비스팀'은 적절하지 않다. 또, ㉡의 업무 내용은 '감사실' 업무에 속한다.

▌13~14 ▌ 다음은 어느 회사의 사내 복지 제도와 지원내역에 관한 자료이다. 물음에 답하시오.

〈2016년 사내 복지 제도〉

주택 지원
주택구입자금 대출
전보자 및 독신자를 위한 합숙소 운영

자녀학자금 지원
중고생 전액지원, 대학생 무이자융자

경조사 지원
사내근로복지기금을 운영하여 각종 경조금 지원

기타
사내 동호회 활동비 지원
상병 휴가, 휴직, 4대보험 지원
생일 축하금(상품권 지급)

〈2016년 1/4분기 지원 내역〉

이름	부서	직위	내역	금액(만 원)
엄영식	총무팀	차장	주택구입자금 대출	–
이수연	전산팀	사원	본인 결혼	10
임효진	인사팀	대리	독신자 합숙소 지원	–
김영태	영업팀	과장	휴직(병가)	–
김원식	편집팀	부장	대학생 학자금 무이자융자	–
심민지	홍보팀	대리	부친상	10
이영호	행정팀	대리	사내 동호회 활동비 지원	10
류민호	자원팀	사원	생일(상품권 지급)	5
백성미	디자인팀	과장	중학생 학자금 전액지원	100
채준민	재무팀	인턴	사내 동호회 활동비 지원	10

13 인사팀에 근무하고 있는 사원 B씨는 2016년 1분기에 지원을 받은 사원들을 정리했다. 다음 중 분류가 잘못된 사원은?

구분	이름
주택 지원	엄영식, 임효진
자녀학자금 지원	김원식, 백성미
경조사 지원	이수연, 심민지, 김영태
기타	이영호, 류민호, 채준민

① 엄영식　　　　　　　　② 김원식
③ 심민지　　　　　　　　④ 김영태

 김영태는 병가로 인한 휴직이므로 '기타'에 속해야 한다.

14 사원 B씨는 위의 복지제도와 지원 내역을 바탕으로 2분기에도 사원들을 지원하려고 한다. 지원한 내용으로 옳지 않은 것은?

① 엄영식 차장이 장모상을 당해서서 경조금 10만원을 지원하였다.
② 심민지 대리가 동호회에 참여하게 되어서 활동비 10만원을 지원하였다.
③ 이수연 사원의 생일이라서 현금 5만원을 지원하였다.
④ 류민호 사원이 결혼을 해서 10만원을 지원하였다.

 ③ 생일인 경우에는 상품권 5만원을 지원한다.

15 다음은 기업용 소프트웨어를 개발·판매하는 A기업의 조직도와 사내 업무협조전이다. 주어진 업무협조전의 발신부서와 수신부서로 가장 적절한 것은?

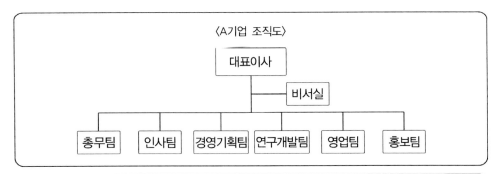

〈A기업 조직도〉

대표이사
비서실

총무팀 | 인사팀 | 경영기획팀 | 연구개발팀 | 영업팀 | 홍보팀

업무협조전

제목 : 콘텐츠 개발에 따른 적극적 영업 마케팅 협조
내용 :
2014년 경영기획팀의 요청으로 저희 팀에서 제작하기 시작한 업무매니저 "한방에" 소프트웨어가 모두 제작 완료되었습니다. 하여 해당 소프트웨어 5종에 관한 적극적인 마케팅을 부탁드립니다.
"한방에"는 거래처관리 소프트웨어, 직원/급여관리 소프트웨어, 매입/매출관리 소프트웨어, 증명서 발급관리 소프트웨어, 거래/견적/세금관리 소프트웨어로 각 분야별 영업을 진행하시면 될 것 같습니다.
특히나 직원/급여관리 소프트웨어는 회사 직원과 급여를 통합적으로 관리할 수 있는 프로그램으로 중소기업에서도 보편적으로 이용할 수 있노록 설계되어 있기 때문에 적극적인 영업 마케팅이 더해졌을 때 큰 이익을 낼 수 있을 거라 예상됩니다.
해당 5개의 프로그램의 이용 매뉴얼과 설명서를 첨부해드리오니 담당자분들께서는 이를 숙지하시고 판매에 효율성을 가지시기 바랍니다.
첨부 : 업무매니저 "한방에" 매뉴얼 및 설명서

발신	수신		발신	수신
① 경영기획팀	홍보팀		② 연구개발팀	영업팀
③ 총무팀	인사팀		④ 영업팀	연구개발팀

발신부서는 소프트웨어를 제작하는 팀이므로 연구개발팀이고, 발신부서는 수신부서에게 신제품 개발에 대한 대략적인 내용과 함께 영업 마케팅에 대한 당부를 하고 있으므로 수신부서는 영업팀이 가장 적절하다.

16 다음 기사를 읽고 밑줄 친 부분과 관련한 내용으로 가장 거리가 먼 것은?

> 최근 포항·경주 등 경북지역 기업들에 정부의 일학습병행제가 본격 추진되면서 큰 관심을 보이고 있는 가운데, 포스코 외주파트너사인 (주)세영기업이 지난 17일 직무개발훈련장의 개소식을 열고 첫 발걸음을 내디뎠다. 청년층의 실업난 해소와 고용 창출의 해법으로 정부가 시행하는 일학습병행제는 기업이 청년 취업희망자를 채용해 이론 및 실무교육을 실시한 뒤 정부로부터 보조금을 지원받을 수 있는 제도로, (주)세영기업은 최근 한국산업인력공단 포항지사와 함께 취업희망자를 선발했고 오는 8월 1일부터 본격적인 실무교육에 나설 전망이다.
>
> (주)세영기업 대표이사는 "사업 전 신입사원 <u>OJT</u>는 단기간 수료해 현장 배치 및 직무수행을 하면서 직무능력수준 및 조직적응력 저하, 안전사고 발생위험 등 여러 가지 문제가 있었다"며 "이번 사업을 통해 2~3년 소요되던 직무능력을 1년 만에 갖출 수 있어 생산성 향상과 조직만족도가 향상될 것"이라고 밝혔다.

① 전사적인 교육훈련이 아닌 통상적으로 각 부서의 장이 주관하여 업무에 관련된 계획 및 집행의 책임을 지는 일종의 부서 내 교육훈련이다.

② 교육훈련에 대한 내용 및 수준에 있어서의 통일성을 기하기 어렵다.

③ 상사 또는 동료 간 이해 및 협조정신 등을 높일 수 있다.

④ 다수의 종업원을 훈련하는 데에 있어 가장 적절한 훈련기법이다.

 OJT(On the Job Training ; 사내교육훈련)는 다수의 종업원을 훈련하는 데에 있어 부적절하다.

17 다음 기사를 보고 ( ) 안에 들어갈 말로 가장 적절한 것은?

> 본격적인 임금·단체협약시기를 앞두고 경제계가 통상임금, 정년연장, 근로시간 단축 등 노사 간 쟁점에 대한 교섭방안을 내놨다. 대한상공회의소는 노동시장 제도변화에 따른 기업의 대응방안을 담은 '2014년 임단협 대응방향 가이드'를 19일 발표했다. 대한상공회의소에서 기업의 임단협 안내서 성격인 가이드를 발표한 것은 이번이 처음이다. 대한상공회의소의 관계자는 "올해 노동시장은 대법원 통상임금 확대판결, 2016년 시행되는 정년 60세 의무화, 국회에서 추진 중인 근로시간 단축 등 굵직한 변화를 겪고 있다"며 "어느 때보다 혼란스럽고 중요한 임단협이 될 것이란 판단에 가이드를 발표했다"고 밝혔다. 가이드에는 통상임금, 정년연장, 근로시간 등 3대 노동현안에 대한 기업의 대응방안이 중점적으로 제시되었다. 통상임금의 경우, 각종 수당과 상여금을 통상임금에서 무조건 제외하기보다 노조·근로자와 성실한 대화로 연착륙 방안을 찾아야 한다고 강조했다. 임금구성항목 단순화, 임금체계 개편, 근무체계 개선, 소급분 해소 등이 필요하다고 권고했다. 2016년 시행되는 정년 60세 의무화와 관련, 준비 없는 정년연장의 부작용을 예방하기 위해 (   )의 도입을 적극 고려할 것을 주문했다.

① Profit Sharing Plan

② Profit Sliding Scale Plan

③ Salary Peak System

④ Selling Price Sliding Scale Plan

 임금피크제도(Salary Peak System) … 조직의 종업원이 일정한 나이가 지나면 생산성에 따라 임금을 지급하는 제도로 현실적으로는 나이가 들어 생산성이 내려가면서 임금을 낮추는 제도인데, 조직의 구성원이 일정한 연령에 이르면 그 때의 연봉을 기준으로 임금을 줄여나가는 대신 계속 근무를 할 수 있도록 하는 새로운 정년보장 제도를 의미한다.

18 다음 글의 '직무순환제'와 연관성의 높은 설명에 해당하는 것은?

> 경북 포항시에 본사를 둔 대기환경관리 전문업체 (주)에어릭스는 직원들의 업무능력을 배양하고 유기적인 조직운영을 위해 '직무순환제'를 실시하고 있다. 에어릭스의 직무순환제는 대기환경설비의 생산, 정비, 설계, 영업 파트에 속한 직원들이 일정 기간 해당 업무를 익힌 후 다른 부서로 이동해 또 다른 업무를 직접 경험해볼 수 있도록 하는 제도이다. 직무순환제를 통해 젊은 직원들은 다양한 업무를 거치면서 개개인의 역량을 쌓을 수 있을 뿐 아니라 풍부한 현장 경험을 축적한다. 특히 대기환경설비 등 플랜트 사업은 설계, 구매·조달, 시공 등 모든 파트의 유기적인 운영이 중요하다. 에어릭스의 경우에도 현장에서 실시하는 환경진단과 설비 운영 및 정비 등의 경험을 쌓은 직원이 효율적으로 집진기를 설계하며 생생한 현장 노하우가 영업에서의 성과로 이어진다. 또한 직무순환제를 통해 다른 부서의 업무를 실질적으로 이해함으로써 각 부서 간 활발한 소통과 협업을 이루고 있다.

① 직무순환을 실시함으로써 구성원들의 노동에 대한 싫증 및 소외감을 더 많이 느끼게 될 것이다.

② 직무순환을 실시할 경우 구성원 자신이 조직의 구성원으로써 가치 있는 존재로 인식을 하게끔 하는 역할을 수행한다.

③ 구성원들을 승진시키기 전 단계에서 실시하는 하나의 단계적인 교육훈련방법으로 파악하기 어렵다.

④ 직무순환은 조직변동에 따른 부서 간의 과부족 인원의 조정 또는 사원 개개인의 사정에 의한 구제를 하지 않기 위함이다.

 직무순환은 종업원들의 여러 업무에 대한 능력개발 및 단일직무로 인한 나태함을 줄이기 위한 것에 그 의미가 있으며, 여러 가지 다양한 업무를 경험함으로써 종업원에게도 어떠한 성장할 수 있는 기회를 제공한다. 따라서 인사와 교육의 측면에서 장기적 관점으로 검토해야 한다.

19 다음 기사를 읽고 밑줄 친 부분에 관련한 설명으로 틀린 것은?

결국 밖에서 지켜보고 이야기를 듣는 것 자체만으로도 안타까움을 넘어서 짜증스럽기까지 했던 골 깊은 조직 갈등이 대형 사고를 쳤다. 청주시문화산업진흥재단의 안종철 사무총장과 이상현 비엔날레부장, 정규호 문화예술부장, 변광섭 문화산업부장, 유향걸 경영지원부장 등 4명의 집단사표, 지난 8일 지역사회에 충격을 안겨준 이번 사태는 출범 초기부터 안고 있던 정치적 행태와 <u>조직문화</u>의 병폐가 더 이상 갈 곳을 잃고 폭발하고만 것이라는 지적이다. 청주시문화재단은 선거캠프 보은인사, 지역 인사의 인척 등 복잡한 인적 구성으로 인해 조직 안의 세력이 갈리고 불신이 깊게 자리 잡다 보니 한 부서에서 일어나는 작은 일까지 굴절된 시각으로 확대 해석하는 일들이 빈번하게 발생하면서 구성원들의 사기저하와 불만이 팽배한 상태였다. 문화재단의 한 직원은 "그동안 지역의 문화예술발전을 위해 정부 공모사업 유치와 다양한 문화행사를 펼쳤지만, 업무 외에 접하는 서로 간의 불신과 음해가 많은 상처와 회의감을 줬다"며 "실제로 이런 조직문화에 지치고 염증을 느껴 재단을 떠난 사람들도 많고, 지금도 업무보다 사람에 시달리는 게 더 힘들다"고 토로했다. 이와 함께 이승훈 청주시장이 취임하면서 강조하고 있는 경제활성화를 초점에 둔 '문화예술의 산업화'가 이번 사태의 한 원인이 됐다는 지적도 있다. 전임 한범덕 시장은 '향유하는 문화'를 지향한 반면, 이승훈 현 시장은 '수익 창출 문화산업'에 방점을 찍고 있다. 임기만료를 앞두고 시행한 안 총장의 목표관리 평가와 최근 단행한 전 부서장의 순환인사도 연임을 염두에 두고 현 시장의 문화예술정책 기조를 받들기 위한 것임은 다 알고 있던 터였다. 이러한 안 총장의 행보는 50대 초반의 전문가가 2년만 일하고 떠나기는 개인적으로나 업무적으로나 아쉬움이 클 거라는 동조 의견과 의욕은 좋으나 포용력과 리더십이 부족하다는 양면적인 평가를 받아왔다. 안 총장은 그동안 청주국제공예비엔날레, 한·중·일 예술명인전 등 국제행사의 성공적 개최는 물론 2014년 지역문화브랜드 최우수상 수상, 2015년 동아시아 문화도시 선정 등 의욕적인 활동을 벌였으나 밀어붙이기식 업무 추진이 내부 직원들의 불만을 샀다. 안 총장은 그동안 시청의 고위직이 맡았던 기존의 관례를 깨고 전 한범덕 시장 시절 처음으로 외부 공모를 통해 임명된 인사다. 그렇기 때문에 안 총장 본인도 휴가를 반납하면서 까지 열정적으로 일하며 '첫 외부인사로서 새로운 신화'를 쓰고자 했으나, 결국 재단이 출범 초기부터 안고 있던 고질적 병폐에 백기를 들었다는 해석도 가능하다. 아무튼 재단을 진두지휘하는 수장과 실무 부서장들의 전원 사표라는 초유 사태는 시민들에게 큰 실망감을 안겨주고 있으며, 청주문화재단의 이미지를 대내외적으로 크게 실추시키고 있다. 이번 사태를 기점으로 정치색과 행정을 벗어나 좀 더 창의적으로 일할 수 있는 조직혁신과 업무에만 매진할 수 있는 인적 쇄신 등 대대적 수술이 필요하다. 청주국제공예비엔날레, 국립현대미술관 분원 유치, 2015 동아시아 문화도시 선정 등 그동안 재단이 이루어놓은 굵직한 사업이 차질 없이 추진되고, '문화로 행복한 청주'를 만드는 일에 전념할 수 있는 청주시문화재단으로 새롭게 만들어야 한다는 여론이다. 한 지역문화예술인은 "집단사표 소식을 전해 듣고 깜짝 놀랐다"며 "사무총장은 그렇다 치고 10여 년 세월을 고생하고 애써서 가꾼 문화재단의 명예를 성숙하지 못한 처신으로 이렇게 허물 수 있나"고 반문하며 안타까워했다. 이어 "이번 사태는 공중에 떠 있는 문화재단의 현주소를 시인한 것이며 이 일을 거울삼아 대대적인 조직정비를 단행해 건강한 '통합청주시의 문화예술의 전초기지'로 거듭났으면 좋겠다"고 말했다.

① 조직구성원들의 고유 가치에도 동기부여를 함으로써 종업원들의 조직에 대한 근로의욕 및 조직에 대한 몰입도를 낮출 수 있는 역할을 수행한다.

② 하나의 조직 구성원들이 공유하는 가치와 신념 및 이념, 관습, 전통, 규범 등을 통합한 개념이다.

③ 조직문화의 기능은 그 역할이 강할수록, 기업 조직의 활동에 있어서 통일된 지각을 형성하게 해 줌으로써 조직 내 통제에 긍정적인 역할을 할 수가 있다.

④ 조직 구성원들에게 정보의 탐색 및 그에 따른 해석과 축적, 전달 등을 쉽게 할 수 있으므로, 그들 구성원들에게 공통의 의사결정기준을 제공해주는 역할을 한다.

(Tip) 조직구성원들의 고유 가치에도 동기부여를 함으로써 종업원들의 조직에 대한 근로의욕 및 조직에 대한 몰입도를 높일 수 있는 역할을 수행한다.

20 다음은 I기업의 조직도와 팀장님의 지시사항이다. H씨가 팀장님의 심부름을 수행하기 위해 연락해야 할 부서로 옳은 것은?

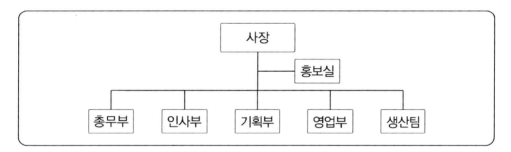

H씨! 내가 지금 너무 바빠서 그러는데 부탁 좀 들어줄래요? 다음 주 중에 사장님 모시고 클라이언트와 만나야 할 일이 있으니까 사장님 일정을 확인해주시구요. 이번 달에 신입사원 교육 · 훈련계획이 있었던 것 같은데 정확한 시간이랑 날짜를 확인해주세요.

① 총무부, 인사부　　　　　② 총무부, 홍보실
③ 기획부, 총무부　　　　　④ 기획부, 홍보실

(Tip) 사장의 일정에 관한 사항은 비서실에서 관리하나 비서실이 없는 회사의 경우 총무부(또는 팀)에서 비서업무를 담당하기도 한다. 또한 신입사원 관리 및 교육은 인사부에서 관리한다.

21 다음의 빈칸에 들어갈 말을 순서대로 나열한 것은?

> 조직의 (㉠)은/는 조직 내의 부문 사이에 형성된 관계로 조직목표를 달성하기 위한 조직구성원들의 상호작용을 보여준다. 이는 결정권의 집중정도, 명령계통, 최고경영자의 통제, 규칙과 규제의 정도에 따라 달라지며 구성원들의 업무나 권한이 분명하게 정의된 기계적 조직과 의사결정권이 하부구성원들에게 많이 위임되고 업무가 고정적이지 않은 유기적 조직으로 구분될 수 있다. (㉡)은/는 이를 쉽게 파악할 수 있고 구성원들의 임무, 수행하는 과업, 일하는 장소 등을 파악하는데 용이하다.
>
> 한편 조직이 지속되면 조직구성원들 간 생활양식이나 가치를 공유하게 되는데 이를 조직의 (㉢)라고 한다. 이는 조직구성원들의 사고와 행동에 영향을 미치며 일체감과 정체성을 부여하고 조직이 (㉣)으로 유지되게 한다. 최근 이에 대한 중요성이 부각되면서 긍정적인 방향으로 조성하기 위한 경영층의 노력이 이루어지고 있다.

	㉠	㉡	㉢	㉣
①	구조	조직도	문화	안정적
②	목표	비전	규정	체계적
③	미션	핵심가치	구조	혁신적
④	직급	규정	비전	단계적

 조직체제 구성요소

㉠ **조직목표** : 조직이 달성하려는 장래의 상태로 조직이 존재하는 정당성과 합법성을 제공한다. 전체 조직의 성과, 자원, 시장, 인력개발, 혁신과 변화, 생산성에 대한 목표가 포함된다.

㉡ **조직구조** : 조직 내의 부문 사이에 형성된 관계로 조직목표를 달성하기 위한 조직구성원들의 상호작용을 보여준다. 조직구조는 결정권의 집중정도, 명령계통, 최고경영자의 통제, 규칙과 규제의 정도에 따라 달라지며 구성원들의 업무나 권한이 분명하게 정의된 기계적 조직과 의사결정권이 하부구성원들에게 많이 위임되고 업무가 고정적이지 않은 유기적 조직으로 구분될 수 있다. 조직의 구성은 조직도를 통해 쉽게 파악할 수 있는데, 이는 구성원들의 임무, 수행하는 과업, 일하는 장소 등을 파악하는데 용이하다.

㉢ **조직문화** : 조직이 지속되게 되면서 조직구성원들 간에 공유되는 생활양식이나 가치로 조직구성원들의 사고와 행동에 영향을 미치며 일체감과 정체성을 부여하고 조직이 안정적으로 유지되게 한다. 최근 조직문화에 대한 중요성이 부각되면서 긍정적인 방향으로 조성하기 위한 경영층의 노력이 이루어지고 있다.

㉣ **조직의 규칙과 규정** : 조직의 목표나 전략에 따라 수립되어 조직구성원들의 활동범위를 제약하고 일관성을 부여하는 기능을 하는 것으로 인사규정, 총무규정, 회계규정 등이 있다. 특히 조직이 구성원들의 행동을 관리하기 위하여 규칙이나 절차에 의존하고 있는 공식화 정도에 따라 조직의 구조가 결정되기도 한다.

22 다음은 어느 회사의 홈페이지 소개 페이지이다. 다음의 자료로 알 수 있는 것을 모두 고른 것은?

창조적 열정으로 세상의 가치를 건설하여 신뢰받는
BEST PARTNER & FIRST COMPANY

GLOBAL BEST & FIRST

핵심가치

GREAT INNOVATION
변화

창의적 발상으로
나부터 바꾸자

GREAT CHALLENGE
최고

도전과 열정으로
최고가 되자

GREAT PARTNERSHIP
신뢰

존중하고 소통하여
함께 성장하자

VISION 2020 GOAL
Sustainable Global Company로의 도약
수익성을 동반한 지속가능한 성장을 추구합니다.
글로벌사업 운영체계의 확립을 통해 세계속 GS건설로 도약합니다.

2020년 경영목표 수주 35조, 매출 27조, 영업이익 2조

ⓐ 회사의 목표

ⓑ 회사의 구조

ⓒ 회사의 문화

ⓓ 회사의 규칙과 규정

---

① ⓐⓑ

② ⓐⓒ

③ ⓑⓒ

④ ⓑⓓ

 주어진 자료의 VISION 2020(경영목표)을 통해 조직이 달성하려는 장래의 상태, 즉 회사의 목표를 알 수 있으며 핵심가치를 통해 창의, 도전과 열정, 존중과 소통 등을 강조하는 회사의 문화를 알 수 있다.

▍23~24 ▍ 다음 결재규정을 보고 주어진 상황에 알맞게 작성된 양식을 고르시오.

〈결재규정〉

- 결재를 받으려면 업무에 대해서는 최고결재권자(대표이사)를 포함한 이하 직책자의 견재를 받아야한다.
- '전결'이라 함은 회사의 경영활동이나 관리활동을 수행함에 있어 의사결정이나 판단을 요하는 일에 대하여 최고결재권자의 결재를 생략하고, 자신의 책임 하에 최종적으로 의사결정이나 판단을 하는 행위를 말한다.
- 전결사항에 대해서도 위임 받은 자를 포함한 이하 직책자의 결재를 받아야 한다.
- 표시내용 : 결재를 올리는 자는 최고결재권자로부터 전결사항을 위임 받은 자가 있는 경우 결재란에 전결이라고 표시하고 최종 결재권자에 위임 받은 자를 표시한다. 다만, 결재가 불필요한 직책자의 결재란은 상황대각선으로 표시한다.
- 최고결재권자의 결재사항 및 최고결재권자로부터 위임된 전결사항은 다음의 표에 따른다.

구분	내용	금액기준	결재서류	팀장	본부장	대표이사
접대비	거래처 식대, 경조사비 등	20만 원 이하	접대비지출품의서 지출결의서	● ■		
		30만 원 이하			● ■	
		30만 원 초과				● ■
교통비	국내 출장비	30만 원 이하	출장계획서 출장비신청서	● ■		
		50만 원 이하		●	■	
		50만 원 초과		●		■
	해외 출장비			●		■

● : 기안서, 출장계획서, 접대비지출품의서
■ : 지출결의서, 세금계산서, 발행요청서, 각종 신청서

23 영업부 사원 L씨는 편집부 K씨의 부친상에 부조금 50만 원을 회사 명의로 지급하기로 하였다. L 씨가 작성한 결재 방식은?

①

접대비지출품의서			
결재	담당	팀장	본부장	최종 결재
	L			팀장

②

접대비지출품의서			
결재	담당	팀장	본부장	최종 결재
	L		전결	본부장

③

지출결의서			
결재	담당	팀장	본부장	최종 결재
	L	전결		대표이사

④

지출결의서			
결재	담당	팀장	본부장	최종 결재
	L			대표이사

Tip 경조사비는 접대비에 해당하므로 접대비지출품의서나 지출결의서를 작성하고 30만 원을 초과 하였으므로 결재권자는 대표이사에게 있다. 또한 누구에게도 전결되지 않았다.

Answer ➙ 23.④

24 영업부 사원 I씨는 거래업체 직원들과 저녁 식사를 위해 270,000원을 지불하였다. I씨가 작성해야 하는 결재 방식으로 옳은 것은?

①

접대비지출품의서			
결재	담당	팀장	본부장	최종 결재
	I			전결

②

접대비지출품의서			
결재	담당	팀장	본부장	최종 결재
	I	전결		본부장

③

지출결의서			
결재	담당	팀장	본부장	최종 결재
	I	전결		본부장

④

접대비지출품의서			
결재	담당	팀장	본부장	최종 결재
	I		전결	본부장

(Tip) 거래처 식대이므로 접대비지출품의서나 지출결의서를 작성하고 30만 원 이하이므로 최종 결재는 본부장이 한다. 본부장이 최종 결재를 하고 본부장 란에는 전결을 표시한다.

| 25~26 | 다음은 인사부에서 각 부서에 발행한 업무지시문이다. 업무지시문을 보고 물음에 답하시오.

업무지시문(업무협조전 사용에 대한 지시)

수신 : 전 부서장님들께
참조 :

제목 : 업무협조전 사용에 대한 지시문
업무 수행에 노고가 많으십니다.

　부서 간의 원활한 업무진행을 위하여 다음과 같이 업무협조전을 사용하도록 결정하였습니다. 업무효율화를 도모하고자 업무협조전을 사용하도록 권장하는 것이니 본사의 지시에 따라주시기 바랍니다. 궁금하신 점은 　⑦　담당자(내선 : 012)에게 문의해주시기 바랍니다.

– 다음 –

1. 목적
　(1) 업무협조전 이용의 미비로 인한 부서 간 업무 차질 해소
　(2) 발신부서와 수신부서 간의 명확한 책임소재 규명
　(3) 부서 간의 원활한 의견교환을 통한 업무 효율화 추구
　(4) 부서 간의 업무 절차와 내용에 대한 근거확보
2. 부서 내의 적극적인 사용권장을 통해 업무협조전이 사내에 정착될 수 있도록 부탁드립니다.
3. 첨부된 업무협조전 양식을 사용하시기 바랍니다.
4. 기타 : 문서관리규정을 회사사규에 등재할 예정이오니 업무에 참고하시기 바랍니다.

2015년 12월 10일

S통상
　⑦　장 ○○○ 배상

---

25 다음 중 빈칸 ⑦에 들어갈 부서로 가장 적절한 것은?

① 총무부　　　　　　　　　② 기획부
③ 인사부　　　　　　　　　④ 영업부

(Tip) 조직기구의 업무분장 및 조절 등에 관한 사항은 인사부에서 관리한다.

Answer 24.④　25.③

26 업무협조전에 대한 설명으로 옳지 않은 것은?

① 부서 간의 책임소재가 분명해진다.

② 업무 협업 시 높아진 효율성을 기대할 수 있다.

③ 업무 절차와 내용에 대한 근거를 확보할 수 있다.

④ 부서별로 자유로운 양식의 업무협조전을 사용할 수 있다.

 업무지시문에 첨부된 업무협조전 양식을 사용하여야 한다.

27 다음의 주어진 경영참가제도 중 근로자가 조직의 자본에 참가하는 제도를 모두 고른 것은?

> ㉠ 노동주제도   ㉡ 공동의사결정제도
> ㉢ 이윤분배제도   ㉣ 노사협의회제도
> ㉤ 종업원지주제도

① ㉠㉢   ② ㉠㉤
③ ㉢㉣   ④ ㉢㉤

 경영참가제도 … 근로자 또는 노동조합을 경영의 파트너로 인정하고 이들을 조직의 경영의사 결정 과정에 참여시키는 제도이다. 경영참가제도의 가장 큰 목적은 경영의 민주성을 제고하는 것으로 근로자 또는 노동조합이 경영과정에 참여하여 자신의 의사를 반영함으로써 공동으로 문제를 해결하고, 노사 간의 세력 균형을 이룰 수 있다. 또한 근로자나 노동조합이 새로운 아이디어를 제시하거나 현장에 적합한 개선방안을 마련해줌으로써 경영의 효율성을 제고할 수 있다.

※ 경영참가제도의 유형
  ㉠ 경영참가 : 경영자의 권한인 의사결정과정에 근로자 또는 노동조합이 참여하는 것으로 공동의사결정제도와 노사협의회제도 등이 있다.
  ㉡ 이윤참가 : 조직의 경영성과에 대하여 근로자에게 배분하는 것으로 이윤분배제도 등이 있다.
  ㉢ 자본참가 : 근로자가 조직 재산의 소유에 참여하는 것으로 근로자가 경영방침에 따라 회사의 주식을 취득하는 종업원지주제도, 노동제공을 출자의 한 형식으로 간주하여 주식을 제공하는 노동주제도 등이 있다.

28 다음은 영업부 사원 H씨가 T대리와 함께 거래처에 방문하여 생긴 일이다. H씨의 행동 중 T대리가 지적할 사항으로 가장 적절한 것은?

> 거래처 실무 담당인 A씨와 그 상사인 B과장이 함께 나왔다. 일전에 영업차 본 적이 있는 A씨에게 H씨는 먼저 눈을 맞추며 반갑게 인사한 후 먼저 상의 안쪽 주머니의 명함 케이스에서 명함을 양손으로 내밀며 소속과 이름을 밝혔다. B과장에게도 같은 방법으로 명함을 건넨 후 두 사람의 명함을 받아 테이블 위에 놓고 가볍게 이야기를 시작했다.

① 명함은 한 손으로 글씨가 잘 보이도록 여백을 잡고 건네야 합니다.
② 소속과 이름은 명함에 나와 있으므로 굳이 언급하지 않아도 됩니다.
③ 고객이 2인 이상인 경우 명함은 윗사람에게 먼저 건네야 합니다.
④ 명함은 받자마자 바로 명함케이스에 깨끗하게 넣어두세요.

 ① 명함을 건넬 때는 양손으로 명함의 여백을 잡고 고객이 바로 볼 수 있도록 건넨다.
② 소속과 이름을 정확하게 밝히며 명함을 건넨다.
④ 명함을 받자마자 바로 넣는 것은 예의에 어긋나는 행동이다. 명함을 보고 가벼운 대화를 시작하거나 테이블 위에 바르게 올려두는 것이 좋다.
※ 명함 수수법
 ㉠ 명함을 동시에 주고받을 때는 오른손으로 주고 왼손으로 받는다.
 ㉡ 혹시 모르는 한자가 있는 경우 "실례하지만, 어떻게 읽습니까?"라고 질문한다.
 ㉢ 면담예정자 한 사람에 대하여 최소 3장 정도 준비한다.
 ㉣ 받은 명함과 자신의 명함은 항시 구분하여 넣는다.

┃29~30 ┃ 다음 설명을 읽고 분석 결과에 대응하는 가장 적절한 전략을 고르시오.

SWOT분석이란 기업의 환경 분석을 통해 마케팅 전략을 수립하는 기법이다. 조직 내부 환경으로는 조직이 우위를 점할 수 있는 강점(Strength), 조직의 효과적인 성과를 방해하는 자원·기술·능력면에서의 약점(Weakness), 조직 외부 환경으로는 조직 활동에 이점을 주는 기회(Opportunity), 조직 활동에 불이익을 미치는 위협(Threat)으로 구분된다.

※ SWOT분석에 의한 마케팅 전략
　㉠ SO전략(강점-기회전략) : 시장의 기회를 활용하기 위해 강점을 사용하는 전략
　㉡ ST전략(강점-위협전략) : 시장의 위협을 회피하기 위해 강점을 사용하는 전략
　㉢ WO전략(약점-기회전략) : 약점을 극복함으로 시장의 기회를 활용하려는 전략
　㉣ WT전략(약점-위협전략) : 시장의 위협을 회피하고 약점을 최소화하는 전략

29 아래 환경 분석결과에 대응하는 가장 적절한 전략은 어느 것인가?

강점(Strength)	• 핵심 정비기술 보유 • 고객과의 우호적인 관계 구축
약점(Weakness)	• 품질관리 시스템 미흡 • 관행적 사고 및 경쟁기피
기회(Opportunity)	• 고품질 정비서비스 요구 확대 • 해외시장 사업 기회 지속 발생
위협(Threat)	• 정비시장 경쟁 심화 • 미래 선도 산업 변화 전망 • 차별화된 고객서비스 요구 지속 확대

내부환경 외부환경	강점(Strength)	약점(Weakness)
기회(Opportunity)	① 교육을 통한 조직문화 체질 개선 대책 마련	② 산업 변화에 부응하는 정비기술력 개발
위협(Threat)	③ 직원들의 마인드 개선을 통해 고객과의 신뢰체제 유지 및 확대	④ 품질관리 강화를 통한 고객만족도 제고

 미흡한 품질관리 시스템을 보완하여 약점을 최소화하고 고객서비스에 부응하는 전략이므로 적절한 WT전략이라고 볼 수 있다.
① 교육을 통한 조직문화 체질 개선 대책 마련(W)
② 산업 변화(T)에 부응하는 정비기술력 개발(S) – ST전략
③ 직원들의 마인드 개선(W)을 통해 고객과의 신뢰체제 유지 및 확대(S)

30 전기차 배터리 제조업체가 실시한 아래 환경 분석결과에 대응하는 전략을 적절하게 분석한 것은 어느 것인가?

강점(Strength)	• 전기차용 전지의 경쟁력 및 인프라 확보 • 연구개발 비용 확보
약점(Weakness)	• 핵심, 원천기술의 미비 • 높은 국외 생산 의존도로 환율변동에 민감
기회(Opportunity)	• 고유가 시대, 환경규제 강화에 따른 개발 필요성 증대 • 새로운 시장 진입에서의 공평한 경쟁
위협(Threat)	• 선진업체의 시장 진입 시도 강화 • 전기차 시장의 불확실성 • 소재가격 상승

내부환경 외부환경	강점(Strength)	약점(Weakness)
기회(Opportunity)	① 충분한 개발비용을 이용해 경쟁력 있는 소재 개발	환경오염을 우려하는 시대적 분위기에 맞춰 전기차 시장 활성화를 위한 홍보 강화
위협(Threat)	② 새롭게 진입할 선진업체와의 합작을 통해 원천기술 확보 ③ 충전소 건설 및 개인용 충전기 보급을 통해 시장 개척	④ 저개발 지역에 구축한 자사의 설비 인프라를 활용하여 생산기지 국내 이전 시도

 충전소 건설 및 개인용 충전기 보급은 결국 자사가 확보한 전기차용 전지의 경쟁력(S)을 바탕으로 수행할 수 있는 일일 것이며, 이를 통해 시장을 개척하는 것은 불확실한 시장성(T)을 스스로 극복할 수 있는 적절한 전략이 될 것이다.
① 충분한 개발비용(S)을 이용해 경쟁력 있는 소재 개발(T) - ST전략
② 새롭게 진입할 선진업체(T)와의 합작을 통해 원천기술 확보(W) - WT전략
④ 저개발 지역에 구축한 자사의 설비 인프라를 활용(S)하여 생산기지 국내 이전(W) 시도

PART

III

인성검사

01 인성검사의 개요

1 허구성 척도의 질문을 파악한다.

인성검사의 질문에는 허구성 척도를 측정하기 위한 질문이 숨어있음을 유념해야 한다. 예를 들어 '나는 지금까지 거짓말을 한 적이 없다.' '나는 한 번도 화를 낸 적이 없다.' 나는 남을 헐뜯거나 비난한 적이 한 번도 없다.' 이러한 질문이 있다고 가정해보자. 상식적으로 보통 누구나 태어나서 한번은 거짓말을 한 경험은 있을 것이며 화를 낸 경우도 있을 것이다. 또한 대부분의 구직자가 자신을 좋은 인상으로 포장하는 것도 자연스러운 일이다. 따라서 허구성을 측정하는 질문에 다소 거짓으로 '그렇다'라고 답하는 것은 전혀 문제가 되지 않는다. 하지만 지나치게 좋은 성격을 염두에 두고 허구성을 측정하는 질문에 전부 '그렇다'고 대답을 한다면 허구성 척도의 득점이 극단적으로 높아지며 이는 검사항목전체에서 구직자의 성격이나 특성이 반영되지 않았음을 나타내 불성실한 답변으로 신뢰성이 의심받게 되는 것이다. 다시 한 번 인성검사의 문항은 각 개인의 특성을 알아보고자 하는 것으로 절대적으로 옳거나 틀린 답이 없으므로 결과를 지나치게 의식하여 솔직하게 응답하지 않으면 과장 반응으로 분류될 수 있음을 기억하자!

2 '대체로', '가끔' 등의 수식어를 확인한다.

'대체로', '종종', '가끔', '항상', '대개' 등의 수식어는 대부분의 인성검사에서 자주 등장한다. 이러한 수식어가 붙은 질문을 접했을 때 구직자들은 조금 고민하게 된다. 하지만 아직 답해야 할 질문들이 많음을 기억해야 한다. 다만, 앞에서 '가끔', '때때로'라는 수식어가 붙은 질문이 나온다면 뒤에는 '항상', '대체로'의 수식어가 붙은 내용은 똑같은 질문이 이어지는 경우가 많다. 따라서 자주 사용되는 수식어를 적절히 구분할 줄 알아야 한다.

3 솔직하게 있는 그대로 표현한다.

인성검사는 평범한 일상생활 내용들을 다룬 짧은 문장과 어떤 대상이나 일에 대한 선호를 선택하는 문장으로 구성되었으므로 평소에 자신이 생각한 바를 너무 골똘히 생각하지 말고 문제를 보는 순간 떠오른 것을 표현한다. 또한 간혹 반복되는 문제들이 출제되기 때문에 일관성 있게 답하지 않으면 감점될 수 있으므로 유의한다.

4 모든 문제를 신속하게 대답한다.

인성검사는 시간제한이 없는 것이 원칙이지만 기업체들은 일정한 시간제한을 두고 있다. 인성검사는 개인의 성격과 자질을 알아보기 위한 검사이기 때문에 정답이 없다. 다만, 기업체에서 바람직하게 생각하거나 기대되는 결과가 있을 뿐이다. 따라서 시간에 쫓겨서 대충 대답을 하는 것은 바람직하지 못하다.

5 자신의 성향과 사고방식을 미리 정리한다.

기업의 인재상을 기초로 하여 일관성, 신뢰성, 진실성 있는 답변을 염두에 두고 꼼꼼히 풀다보면 분명 시간의 촉박함을 느낄 것이다. 따라서 각각의 질문을 너무 골똘히 생각하거나 고민하지 말자. 대신 시험 전에 여유 있게 자신의 성향이나 사고방식에 대해 정리해보는 것이 필요하다.

6 마지막까지 집중해서 검사에 임한다.

장시간 진행되는 검사에 지칠 수 있으므로 마지막까지 집중해서 정확히 답할 수 있도록 해야 한다.

02 실전 인성검사

┃1~250┃ 다음 제시된 문항이 당신에게 해당한다면 YES, 그렇지 않다면 NO를 선택하시오.

YES NO

1. 조금이라도 나쁜 소식은 절망의 시작이라고 생각해버린다. ·······················( )( )
2. 언제나 실패가 걱정이 되어 어쩔 줄 모른다. ·······················( )( )
3. 다수결의 의견에 따르는 편이다. ·······················( )( )
4. 혼자서 커피숍에 들어가는 것은 전혀 두려운 일이 아니다. ·······················( )( )
5. 승부근성이 강하다. ·······················( )( )
6. 자주 흥분해서 침착하지 못하다. ·······················( )( )
7. 지금까지 살면서 타인에게 폐를 끼친 적이 없다. ·······················( )( )
8. 소곤소곤 이야기하는 것을 보면 자기에 대해 험담하고 있는 것으로 생각된다. ···( )( )
9. 무엇이든지 자기가 나쁘다고 생각하는 편이다. ·······················( )( )
10. 자신을 변덕스러운 사람이라고 생각한다. ·······················( )( )
11. 고독을 즐기는 편이다. ·······················( )( )
12. 자존심이 강하다고 생각한다. ·······················( )( )
13. 금방 흥분하는 성격이다. ·······················( )( )
14. 거짓말을 한 적이 없다. ·······················( )( )
15. 신경질적인 편이다. ·······················( )( )
16. 끙끙대며 고민하는 타입이다. ·······················( )( )
17. 감정적인 사람이라고 생각한다. ·······················( )( )
18. 자신만의 신념을 가지고 있다. ·······················( )( )
19. 다른 사람을 바보 같다고 생각한 적이 있다. ·······················( )( )
20. 금방 말해버리는 편이다. ·······················( )( )
21. 싫어하는 사람이 없다. ·······················( )( )
22. 대재앙이 오지 않을까 항상 걱정을 한다. ·······················( )( )
23. 쓸데없는 고생을 사서 하는 일이 많다. ·······················( )( )
24. 자주 생각이 바뀌는 편이다. ·······················( )( )
25. 문제점을 해결하기 위해 여러 사람과 상의한다. ·······················( )( )
26. 내 방식대로 일을 한다. ·······················( )( )

27. 영화를 보고 운 적이 많다. ···(　)(　)

28. 어떤 것에 대해서도 화낸 적이 없다. ·····································(　)(　)

29. 사소한 충고에도 걱정을 한다. ···(　)(　)

30. 자신은 도움이 안되는 사람이라고 생각한다. ······················(　)(　)

31. 금방 싫증을 내는 편이다. ···(　)(　)

32. 개성적인 사람이라고 생각한다. ···(　)(　)

33. 자기 주장이 강한 편이다. ···(　)(　)

34. 산만하다는 말을 들은 적이 있다. ···(　)(　)

35. 학교를 쉬고 싶다고 생각한 적이 한 번도 없다. ···················(　)(　)

36. 사람들과 관계맺는 것을 보면 잘하지 못한다. ······················(　)(　)

37. 사려깊은 편이다. ···(　)(　)

38. 몸을 움직이는 것을 좋아한다. ···(　)(　)

39. 끈기가 있는 편이다. ···(　)(　)

40. 신중한 편이라고 생각한다. ···(　)(　)

41. 인생의 목표는 큰 것이 좋다. ···(　)(　)

42. 어떤 일이라도 바로 시작하는 타입이다. ································(　)(　)

43. 낯가림을 하는 편이다. ···(　)(　)

44. 생각하고 나서 행동하는 편이다. ···(　)(　)

45. 쉬는 날은 밖으로 나가는 경우가 많다. ·······························(　)(　)

46. 시작한 일은 반드시 완성시킨다. ···(　)(　)

47. 면밀한 계획을 세운 여행을 좋아한다. ···································(　)(　)

48. 야망이 있는 편이라고 생각한다. ···(　)(　)

49. 활동력이 있는 편이다. ···(　)(　)

50. 많은 사람들과 와자지껄하게 식사하는 것을 좋아하지 않는다. ·(　)(　)

51. 돈을 허비한 적이 없다. ···(　)(　)

52. 운동회를 아주 좋아하고 기대했다. ···(　)(　)

53. 하나의 취미에 열중하는 타입이다. ···(　)(　)

54. 모임에서 회장에 어울린다고 생각한다. ··································(　)(　)

55. 입신출세의 성공이야기를 좋아한다. ·······································(　)(　)

56. 어떠한 일도 의욕을 가지고 임하는 편이다. ··························(　)(　)

57. 학급에서는 존재가 희미했다. ···(　)(　)

58. 항상 무언가를 생각하고 있다. ···(　)(　)

59. 스포츠는 보는 것보다 하는 게 좋다. ··( )( )

60. '참 잘했네요'라는 말을 듣는다. ···( )( )

61. 흐린 날은 반드시 우산을 가지고 간다. ···( )( )

62. 주연상을 받을 수 있는 배우를 좋아한다. ··( )( )

63. 공격하는 타입이라고 생각한다. ···( )( )

64. 리드를 받는 편이다. ··( )( )

65. 너무 신중해서 기회를 놓친 적이 있다. ···( )( )

66. 시원시원하게 움직이는 타입이다. ···( )( )

67. 야근을 해서라도 업무를 끝낸다. ···( )( )

68. 누군가를 방문할 때는 반드시 사전에 확인한다. ··( )( )

69. 노력해도 결과가 따르지 않으면 의미가 없다. ···( )( )

70. 무조건 행동해야 한다. ··( )( )

71. 유행에 둔감하다고 생각한다. ··( )( )

72. 정해진 대로 움직이는 것은 시시하다. ···( )( )

73. 꿈을 계속 가지고 있고 싶다. ··( )( )

74. 질서보다 자유를 중요시하는 편이다. ···( )( )

75. 혼자서 취미에 몰두하는 것을 좋아한다. ··( )( )

76. 직관적으로 판단하는 편이다. ··( )( )

77. 영화나 드라마를 보면 등장인물의 감정에 이입된다. ·······································( )( )

78. 시대의 흐름에 역행해서라도 자신을 관철하고 싶다. ·······································( )( )

79. 다른 사람의 소문에 관심이 없다. ···( )( )

80. 창조적인 편이다. ···( )( )

81. 비교적 눈물이 많은 편이다. ···( )( )

82. 융통성이 있다고 생각한다. ···( )( )

83. 친구의 휴대전화 번호를 잘 모른다. ···( )( )

84. 스스로 고안하는 것을 좋아한다. ···( )( )

85. 정이 두터운 사람으로 남고 싶다. ···( )( )

86. 조직의 일원으로 별로 안 어울린다. ···( )( )

87. 세상의 일에 별로 관심이 없다. ···( )( )

88. 변화를 추구하는 편이다. ··( )( )

89. 업무는 인간관계로 선택한다. ··( )( )

90. 환경이 변하는 것에 구애되지 않는다. ···( )( )

91. 불안감이 강한 편이다. ··( )( )

92. 인생은 살 가치가 없다고 생각한다. ·······································( )( )

93. 의지가 약한 편이다. ··( )( )

94. 다른 사람이 하는 일에 별로 관심이 없다. ·····························( )( )

95. 사람을 설득시키는 것은 어렵지 않다. ···································( )( )

96. 심심한 것을 못 참는다. ···( )( )

97. 다른 사람을 욕한 적이 한 번도 없다. ···································( )( )

98. 다른 사람에게 어떻게 보일지 신경을 쓴다. ···························( )( )

99. 금방 낙심하는 편이다. ···( )( )

100. 다른 사람에게 의존하는 경향이 있다. ··································( )( )

101. 그다지 융통성이 있는 편이 아니다. ·····································( )( )

102. 다른 사람이 내 의견에 간섭하는 것이 싫다. ·······················( )( )

103. 낙천적인 편이다. ··( )( )

104. 숙제를 잊어버린 적이 한 번도 없다. ···································( )( )

105. 밤길에는 발소리가 들리기만 해도 불안하다. ·······················( )( )

106. 상냥하다는 말을 들은 적이 있다. ··( )( )

107. 자신은 유치한 사람이다. ···( )( )

108. 잡담을 하는 것보다 책을 읽는 게 낫다. ·······························( )( )

109. 나는 영업에 적합한 타입이라고 생각한다. ···························( )( )

110. 술자리에서 술을 마시지 않아도 흥을 돋울 수 있다. ··············( )( )

111. 한 번도 병원에 간 적이 없다. ··( )( )

112. 나쁜 일은 걱정이 되어서 어쩔 줄을 모른다. ·······················( )( )

113. 금세 무기력해지는 편이다. ··( )( )

114. 비교적 고분고분한 편이라고 생각한다. ································( )( )

115. 독자적으로 행동하는 편이다. ··( )( )

116. 적극적으로 행동하는 편이다. ··( )( )

117. 금방 감격하는 편이다. ···( )( )

118. 어떤 것에 대해서는 불만을 가진 적이 없다. ·······················( )( )

119. 밤에 못 잘 때가 많다. ···( )( )

120. 자주 후회하는 편이다. ···( )( )

121. 뜨거워지기 쉽고 식기 쉽다. ···( )( )

122. 자신만의 세계를 가지고 있다. ··( )( )

123. 많은 사람 앞에서도 긴장하는 일은 없다. ···(   )(   )

124. 말하는 것을 아주 좋아한다. ···(   )(   )

125. 인생을 포기하는 마음을 가진 적이 한 번도 없다. ·······································(   )(   )

126. 어두운 성격이다. ···(   )(   )

127. 금방 반성한다. ···(   )(   )

128. 활동범위가 넓은 편이다. ···(   )(   )

129. 자신을 끈기 있는 사람이라고 생각한다. ···(   )(   )

130. 좋다고 생각하더라도 좀 더 검토하고 나서 실행한다. ·································(   )(   )

131. 위대한 인물이 되고 싶다. ···(   )(   )

132. 한 번에 많은 일을 떠맡아도 힘들지 않다. ···(   )(   )

133. 사람과 만날 약속은 부담스럽다. ··(   )(   )

134. 질문을 받으면 충분히 생각하고 나서 대답하는 편이다. ·······························(   )(   )

135. 머리를 쓰는 것보다 땀을 흘리는 일이 좋다. ··(   )(   )

136. 결정한 것에는 철저히 구속받는다. ···(   )(   )

137. 외출 시 문을 잠갔는지 몇 번을 확인한다. ···(   )(   )

138. 이왕 할 거라면 일등이 되고 싶다. ···(   )(   )

139. 과감하게 도전하는 타입이다. ··(   )(   )

140. 자신은 사교적이 아니라고 생각한다. ···(   )(   )

141. 무심코 도리에 대해서 말하고 싶어진다. ···(   )(   )

142. '항상 건강하네요'라는 말을 듣는다. ···(   )(   )

143. 단념하면 끝이라고 생각한다. ··(   )(   )

144. 예상하지 못한 일은 하고 싶지 않다. ···(   )(   )

145. 파란만장하더라도 성공하는 인생을 걷고 싶다. ··(   )(   )

146. 활기찬 편이라고 생각한다. ···(   )(   )

147. 소극적인 편이라고 생각한다. ··(   )(   )

148. 무심코 평론가가 되어 버린다. ··(   )(   )

149. 자신은 성급하다고 생각한다. ··(   )(   )

150. 꾸준히 노력하는 타입이라고 생각한다. ···(   )(   )

151. 내일의 계획이라도 메모한다. ··(   )(   )

152. 리더십이 있는 사람이 되고 싶다. ···(   )(   )

153. 열정적인 사람이라고 생각한다. ··(   )(   )

154. 다른 사람 앞에서 이야기를 잘 하지 못한다. ··(   )(   )

155. 통찰력이 있는 편이다. ···( )( )

156. 엉덩이가 가벼운 편이다. ···( )( )

157. 여러 가지로 구애됨이 있다. ···( )( )

158. 돌다리도 두들겨 보고 건너는 쪽이 좋다. ·························( )( )

159. 자신에게는 권력욕이 있다. ···( )( )

160. 업무를 할당받으면 기쁘다. ···( )( )

161. 사색적인 사람이라고 생각한다. ·······································( )( )

162. 비교적 개혁적이다. ···( )( )

163. 좋고 싫음으로 정할 때가 많다. ·······································( )( )

164. 전통에 구애되는 것은 버리는 것이 적절하다. ··················( )( )

165. 교제 범위가 좁은 편이다. ···( )( )

166. 발상의 전환을 할 수 있는 타입이라고 생각한다. ··············( )( )

167. 너무 주관적이어서 실패한다. ··( )( )

168. 현실적이고 실용적인 면을 추구한다. ·······························( )( )

169. 내가 어떤 배우의 팬인지 아무도 모른다. ························( )( )

170. 현실보다 가능성이다. ··( )( )

171. 마음이 담겨 있으면 선물은 아무 것이나 좋다. ················( )( )

172. 여행은 마음대로 하는 것이 좋다. ····································( )( )

173. 추상적인 일에 관심이 있는 편이다. ·································( )( )

174. 일은 대담히 하는 편이다. ···( )( )

175. 괴로워하는 사람을 보면 우선 동정한다. ··························( )( )

176. 가치기준은 자신의 안에 있다고 생각한다. ······················( )( )

177. 조용하고 조심스러운 편이다. ··( )( )

178. 상상력이 풍부한 편이라고 생각한다. ·······························( )( )

179. 의리, 인정이 두터운 상사를 만나고 싶다. ·······················( )( )

180. 인생의 앞날을 알 수 없어 재미있다. ·······························( )( )

181. 밝은 성격이다. ···( )( )

182. 별로 반성하지 않는다. ··( )( )

183. 활동범위가 좁은 편이다. ···( )( )

184. 자신을 시원시원한 사람이라고 생각한다. ························( )( )

185. 좋다고 생각하면 바로 행동한다. ·····································( )( )

186. 좋은 사람이 되고 싶다. ···( )( )

187. 한 번에 많은 일을 떠맡는 것은 골칫거리라고 생각한다. ……………………………………( )( )

188. 사람과 만날 약속은 즐겁다. ……………………………………………………………………( )( )

189. 질문을 받으면 그때의 느낌으로 대답하는 편이다. …………………………………………( )( )

190. 땀을 흘리는 것보다 머리를 쓰는 일이 좋다. ………………………………………………( )( )

191. 결정한 것이라도 그다지 구속받지 않는다. ……………………………………………………( )( )

192. 외출 시 문을 잠갔는지 별로 확인하지 않는다. ………………………………………………( )( )

193. 지위에 어울리면 된다. ……………………………………………………………………………( )( )

194. 안전책을 고르는 타입이다. ……………………………………………………………………( )( )

195. 자신은 사교적이라고 생각한다. ………………………………………………………………( )( )

196. 도리는 상관없다. …………………………………………………………………………………( )( )

197. '침착하네요'라는 말을 듣는다. …………………………………………………………………( )( )

198. 단념이 중요하다고 생각한다. …………………………………………………………………( )( )

199. 예상하지 못한 일도 해보고 싶다. ……………………………………………………………( )( )

200. 평범하고 평온하게 행복한 인생을 살고 싶다. ………………………………………………( )( )

201. 몹시 귀찮아하는 편이라고 생각한다. …………………………………………………………( )( )

202. 특별히 소극적이라고 생각하지 않는다. ………………………………………………………( )( )

203. 이것저것 평하는 것이 싫다. ……………………………………………………………………( )( )

204. 자신은 성급하지 않다고 생각한다. ……………………………………………………………( )( )

205. 꾸준히 노력하는 것을 잘 하지 못한다. ………………………………………………………( )( )

206. 내일의 계획은 머릿속에 기억한다. ……………………………………………………………( )( )

207. 협동성이 있는 사람이 되고 싶다. ……………………………………………………………( )( )

208. 열정적인 사람이라고 생각하지 않는다. ………………………………………………………( )( )

209. 다른 사람 앞에서 이야기를 잘한다. ……………………………………………………………( )( )

210. 행동력이 있는 편이다. ……………………………………………………………………………( )( )

211. 엉덩이가 무거운 편이다. …………………………………………………………………………( )( )

212. 특별히 구애받는 것이 없다. ……………………………………………………………………( )( )

213. 돌다리는 두들겨 보지 않고 건너도 된다. ……………………………………………………( )( )

214. 자신에게는 권력욕이 없다. ……………………………………………………………………( )( )

215. 업무를 할당받으면 부담스럽다. ………………………………………………………………( )( )

216. 활동적인 사람이라고 생각한다. ………………………………………………………………( )( )

217. 비교적 보수적이다. ………………………………………………………………………………( )( )

218. 손해인지 이익인지로 정할 때가 많다. …………………………………………………………( )( )

219. 전통을 견실히 지키는 것이 적절하다. ································( )( )

220. 교제 범위가 넓은 편이다. ·······································( )( )

221. 상식적인 판단을 할 수 있는 타입이라고 생각한다. ··············( )( )

222. 너무 객관적이어서 실패한다. ···································( )( )

223. 보수적인 면을 추구한다. ·······································( )( )

224. 내가 누구의 팬인지 주변의 사람들이 안다. ·····················( )( )

225. 가능성보다 현실이다. ··( )( )

226. 그 사람이 필요한 것을 선물하고 싶다. ·························( )( )

227. 여행은 계획적으로 하는 것이 좋다. ····························( )( )

228. 구체적인 일에 관심이 있는 편이다. ····························( )( )

229. 일은 착실히 하는 편이다. ······································( )( )

230. 괴로워하는 사람을 보면 우선 이유를 생각한다. ·················( )( )

231. 가치기준은 자신의 밖에 있다고 생각한다. ·····················( )( )

232. 밝고 개방적인 편이다. ···( )( )

233. 현실 인식을 잘하는 편이라고 생각한다. ·······················( )( )

234. 공평하고 공적인 상사를 만나고 싶다. ·························( )( )

235. 시시해도 계획적인 인생이 좋다. ·······························( )( )

236. 적극적으로 사람들과 관계를 맺는 편이다. ·····················( )( )

237. 활동적인 편이다. ···( )( )

238. 몸을 움직이는 것을 좋아하지 않는다. ·························( )( )

239. 쉽게 질리는 편이다. ··( )( )

240. 경솔한 편이라고 생각한다. ····································( )( )

241. 인생의 목표는 손이 닿을 정도면 된다. ························( )( )

242. 무슨 일도 좀처럼 시작하지 못한다. ····························( )( )

243. 초면인 사람과도 바로 친해질 수 있다. ························( )( )

244. 행동하고 나서 생각하는 편이다. ·······························( )( )

245. 쉬는 날은 집에 있는 경우가 많다. ····························( )( )

246. 완성되기 전에 포기하는 경우가 많다. ·························( )( )

247. 계획 없는 여행을 좋아한다. ···································( )( )

248. 욕심이 없는 편이라고 생각한다. ·······························( )( )

249. 활동력이 별로 없다. ··( )( )

250. 많은 사람들과 왁자지껄하게 식사하는 것을 좋아한다. ···········( )( )

PART IV

면접

01 면접의 기본

1 면접준비

(1) 면접의 기본 원칙

① **면접의 의미** ··· 면접이란 다양한 면접기법을 활용하여 지원한 직무에 필요한 능력을 지원자가 보유하고 있는지를 확인하는 절차라고 할 수 있다. 즉, 지원자의 입장에서는 채용 직무수행에 필요한 요건들과 관련하여 자신의 환경, 경험, 관심사, 성취 등에 대해 기업에 직접 어필할 수 있는 기회를 제공받는 것이며, 기업의 입장에서는 서류전형만으로 알 수 없는 지원자에 대한 정보를 직접적으로 수집하고 평가하는 것이다.

② **면접의 특징** ··· 면접은 기업의 입장에서 서류전형이나 필기전형에서 드러나지 않는 지원자의 능력이나 성향을 볼 수 있는 기회로, 면대면으로 이루어지며 즉흥적인 질문들이 포함될 수 있기 때문에 지원자가 완벽하게 준비하기 어려운 부분이 있다. 하지만 지원자 입장에서도 서류전형이나 필기전형에서 모두 보여주지 못한 자신의 능력 등을 기업의 인사담당자에게 어필할 수 있는 추가적인 기회가 될 수도 있다.

[서류 · 필기전형과 차별화되는 면접의 특징]

- 직무수행과 관련된 다양한 지원자 행동에 대한 관찰이 가능하다.
- 면접관이 알고자 하는 정보를 심층적으로 파악할 수 있다.
- 서류상의 미비한 사항과 의심스러운 부분을 확인할 수 있다.
- 커뮤니케이션 능력, 대인관계 능력 등 행동 · 언어적 정보도 얻을 수 있다.

③ **면접의 유형**
　㉠ **구조화 면접** : 구조화 면접은 사전에 계획을 세워 질문의 내용과 방법, 지원자의 답변 유형에 따른 추가 질문과 그에 대한 평가 역량이 정해져 있는 면접 방식으로 표준화 면접이라고도 한다.
　　• 표준화된 질문이나 평가요소가 면접 전 확정되며, 지원자는 편성된 조나 면접관에 영향을 받지 않고 동일한 질문과 시간을 부여받을 수 있다.

- 조직 또는 직무별로 주요하게 도출된 역량을 기반으로 평가요소가 구성되어, 조직 또는 직무에서 필요한 역량을 가진 지원자를 선발할 수 있다.
- 표준화된 형식을 사용하는 특성 때문에 비구조화 면접에 비해 신뢰성과 타당성, 객관성이 높다.
ⓒ 비구조화 면접 : 비구조화 면접은 면접 계획을 세울 때 면접 목적만을 명시하고 내용이나 방법은 면접관에게 전적으로 일임하는 방식으로 비표준화 면접이라고도 한다.
- 표준화된 질문이나 평가요소 없이 면접이 진행되며, 편성된 조나 면접관에 따라 지원자에게 주어지는 질문이나 시간이 다르다.
- 면접관의 주관적인 판단에 따라 평가가 이루어져 평가 오류가 빈번히 일어난다.
- 상황 대처나 언변이 뛰어난 지원자에게 유리한 면접이 될 수 있다.

④ 경쟁력 있는 면접 요령
ⓒ 면접 전에 준비하고 유념할 사항
- 예상 질문과 답변을 미리 작성한다.
- 작성한 내용을 문장으로 외우지 않고 키워드로 기억한다.
- 지원한 회사의 최근 기사를 검색하여 기억한다.
- 지원한 회사가 속한 산업군의 최근 기사를 검색하여 기억한다.
- 면접 전 1주일간 이슈가 되는 뉴스를 기억하고 자신의 생각을 반영하여 정리한다.
- 찬반토론에 대비한 주제를 목록으로 정리하여 자신의 논리를 내세운 예상답변을 작성한다.
ⓒ 면접장에서 유념할 사항
- 질문의 의도 파악 : 답변을 할 때에는 질문 의도를 파악하고 그에 충실한 답변이 될 수 있도록 질문사항을 유념해야 한다. 많은 지원자가 하는 실수 중 하나로 답변을 하는 도중 자기 말에 심취되어 질문의 의도와 다른 답변을 하거나 자신이 알고 있는 지식만을 나열하는 경우가 있는데, 이럴 경우 의사소통능력이 부족한 사람으로 인식될 수 있으므로 주의하도록 한다.
- 답변은 두괄식 : 답변을 할 때에는 두괄식으로 결론을 먼저 말하고 그 이유를 설명하는 것이 좋다. 미괄식으로 답변을 할 경우 용두사미의 답변이 될 가능성이 높으며, 결론을 이끌어 내는 과정에서 논리성이 결여될 우려가 있다. 또한 면접관이 결론을 듣기 전에 말을 끊고 다른 질문을 추가하는 예상치 못한 상황이 발생될 수 있으므로 답변은 자신이 전달하고자 하는 바를 먼저 밝히고 그에 대한 설명을 하는 것이 좋다.

- 지원한 회사의 기업정신과 인재상을 기억 : 답변을 할 때에는 회사가 원하는 인재라는 인상을 심어주기 위해 지원한 회사의 기업정신과 인재상 등을 염두에 두고 답변을 하는 것이 좋다. 모든 회사에 해당되는 두루뭉술한 답변보다는 지원한 회사에 맞는 맞춤형 답변을 하는 것이 좋다.
- 나보다는 회사와 사회적 관점에서 답변 : 답변을 할 때에는 자기중심적인 관점을 피하고 좀 더 넓은 시각으로 회사와 국가, 사회적 입장까지 고려하는 인재임을 어필하는 것이 좋다. 자기중심적 시각을 바탕으로 자신의 출세만을 위해 회사에 입사하려는 인상을 심어줄 경우 면접에서 불이익을 받을 가능성이 높다.
- 난처한 질문은 정직한 답변 : 난처한 질문에 답변을 해야 할 때에는 피하기보다는 정면 돌파로 정직하고 솔직하게 답변하는 것이 좋다. 난처한 부분을 감추고 드러내지 않으려 회피하려는 지원자의 모습은 인사담당자에게 입사 후에도 비슷한 상황에 처했을 때 회피할 수도 있다는 우려를 심어줄 수 있다. 따라서 직장생활에 있어 중요한 덕목 중 하나인 정직을 바탕으로 솔직하게 답변을 하도록 한다.

(2) 면접의 종류 및 준비 전략

① 인성면접

  ㉠ 면접 방식 및 판단기준
  - 면접 방식 : 인성면접은 면접관이 가지고 있는 개인적 면접 노하우나 관심사에 의해 질문을 실시한다. 주로 입사지원서나 자기소개서의 내용을 토대로 지원동기, 과거의 경험, 미래 포부 등을 이야기하도록 하는 방식이다.
  - 판단기준 : 면접관의 개인적 가치관과 경험, 해당 역량의 수준, 경험의 구체성·진실성 등

  ㉡ 특징 : 인성면접은 그 방식으로 인해 역량과 무관한 질문들이 많고 지원자에게 주어지는 면접질문, 시간 등이 다를 수 있다. 또한 입사지원서나 자기소개서의 내용을 토대로 하기 때문에 지원자별 질문이 달라질 수 있다.

ⓒ 예시 문항 및 준비전략

• 예시 문항

> • 3분 동안 자기소개를 해 보십시오.
> • 자신의 장점과 단점을 말해 보십시오.
> • 학점이 좋지 않은데 그 이유가 무엇입니까?
> • 최근에 인상 깊게 읽은 책은 무엇입니까?
> • 회사를 선택할 때 중요시하는 것은 무엇입니까?
> • 일과 개인생활 중 어느 쪽을 중시합니까?
> • 10년 후 자신은 어떤 모습일 것이라고 생각합니까?
> • 휴학 기간 동안에는 무엇을 했습니까?

• 준비전략 : 인성면접은 입사지원서나 자기소개서의 내용을 바탕으로 하는 경우가 많으므로 자신이 작성한 입사지원서와 자기소개서의 내용을 충분히 숙지하도록 한다. 또한 최근 사회적으로 이슈가 되고 있는 뉴스에 대한 견해를 묻거나 시사상식 등에 대한 질문을 받을 수 있으므로 이에 대한 대비도 필요하다. 자칫 부담스러워 보이지 않는 질문으로 가볍게 대답하지 않도록 주의하고 모든 질문에 입사 의지를 담아 성실하게 답변하는 것이 중요하다.

② 발표면접

㉠ 면접 방식 및 판단기준

• 면접 방식 : 지원자가 특정 주제와 관련된 자료를 검토하고 그에 대한 자신의 생각을 면접관 앞에서 주어진 시간 동안 발표하고 추가 질의를 받는 방식으로 진행된다.

• 판단기준 : 지원자의 사고력, 논리력, 문제해결력 등

㉡ 특징 : 발표면접은 지원자에게 과제를 부여한 후, 과제를 수행하는 과정과 결과를 관찰·평가한다. 따라서 과제수행 결과뿐 아니라 수행과정에서의 행동을 모두 평가할 수 있다.

ⓒ 예시 문항 및 준비전략

• 예시 문항

[신입사원 조기 이직 문제]

※ 지원자는 아래에 제시된 자료를 검토한 뒤, 신입사원 조기 이직의 원인을 크게 3가지로 정리하고 이에 대한 구체적인 개선안을 도출하여 발표해 주시기 바랍니다.

※ 본 과제에 정해진 정답은 없으나 논리적 근거를 들어 개선안을 작성해 주십시오.

• A기업은 동종업계 유사기업들과 비교해 볼 때, 비교적 높은 재무안정성을 유지하고 있으며 업무강도가 그리 높지 않은 것으로 외부에 알려져 있음.

• 최근 조사결과, 동종업계 유사기업들과 연봉을 비교해 보았을 때 연봉 수준도 그리 나쁘지 않은 편이라는 것이 확인되었음.

• 그러나 지난 3년간 1~2년차 직원들의 이직률이 계속해서 증가하고 있는 추세이며, 경영진 회의에서 최우선 해결과제 중 하나로 거론되었음.

• 이에 따라 인사팀에서 현재 1~2년차 사원들을 대상으로 개선되어야 하는 A기업의 조직문화에 대한 설문조사를 실시한 결과, '상명하복식의 의사소통'이 36.7%로 1위를 차지했음.

• 이러한 설문조사와 함께, 신입사원 조기 이직에 대한 원인을 분석한 결과 파랑새 증후군, 셀프홀릭 증후군, 피터팬 증후군 등 3가지로 분류할 수 있었음.

〈동종업계 유사기업들과의 연봉 비교〉 〈우리 회사 조직문화 중 개선되었으면 하는 것〉

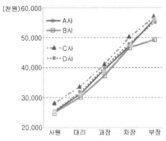
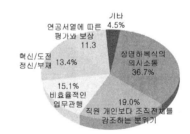

〈신입사원 조기 이직의 원인〉

• 파랑새 증후군
 -현재의 직장보다 더 좋은 직장이 있을 것이라는 막연한 기대감으로 끊임없이 새로운 직장을 탐색함.
 -학력 수준과 맞지 않는 '하향지원', 전공과 적성을 고려하지 않고 일단 취업하고 보자는 '묻지마 지원'이 파랑새 증후군을 초래함.

• 셀프홀릭 증후군
 -본인의 역량에 비해 가치가 낮은 일을 주로 하면서 갈등을 느낌.

• 피터팬 증후군
 -기성세대의 문화를 무조건 수용하기보다는 자유로움과 변화를 추구함.
 -상명하복, 엄격한 규율 등 기성세대가 당연시하는 관행에 거부감을 가지며 직장에 답답함을 느낌.

- 준비전략 : 발표면접의 시작은 과제 안내문과 과제 상황, 과제 자료 등을 정확하게 이해하는 것에서 출발한다. 과제 안내문을 침착하게 읽고 제시된 주제 및 문제와 관련된 상황의 맥락을 파악한 후 과제를 검토한다. 제시된 기사나 그래프 등을 충분히 활용하여 주어진 문제를 해결할 수 있는 해결책이나 대안을 제시하며, 발표를 할 때에는 명확하고 자신 있는 태도로 전달할 수 있도록 한다.

③ 토론면접

　㉠ 면접 방식 및 판단기준
- 면접 방식 : 상호갈등적 요소를 가진 과제 또는 공통의 과제를 해결하는 내용의 토론 과제를 제시하고, 그 과정에서 개인 간의 상호작용 행동을 관찰하는 방식으로 면접이 진행된다.
- 판단기준 : 팀워크, 적극성, 갈등 조정, 의사소통능력, 문제해결능력 등

　㉡ 특징 : 토론을 통해 도출해 낸 최종안의 타당성도 중요하지만, 결론을 도출해 내는 과정에서의 의사소통능력이나 갈등상황에서 의견을 조정하는 능력 등이 중요하게 평가되는 특징이 있다.

　㉢ 예시 문항 및 준비전략
- 예시 문항

> - 군 가산점제 부활에 대한 찬반토론
> - 담뱃값 인상에 대한 찬반토론
> - 비정규직 철폐에 대한 찬반토론
> - 대학의 영어 강의 확대 찬반토론
> - 워크숍 장소 선정을 위한 토론

- 준비전략 : 토론면접은 무엇보다 팀워크와 적극성이 강조된다. 따라서 토론과정에 적극적으로 참여하며 자신의 의사를 분명하게 전달하며, 갈등상황에서 자신의 의견만 내세울 것이 아니라 다른 지원자의 의견을 경청하고 배려하는 모습도 중요하다. 갈등 상황을 일목요연하게 정리하여 조정하는 등의 의사소통능력을 발휘하는 것도 좋은 전략이 될 수 있다.

④ 상황면접

　㉠ 면접 방식 및 판단기준
- 면접 방식 : 상황면접은 직무 수행 시 접할 수 있는 상황들을 제시하고, 그러한 상황에서 어떻게 행동할 것인지를 이야기하는 방식으로 진행된다.
- 판단기준 : 해당 상황에 적절한 역량의 구현과 구체적 행동지표

ⓛ 특징 : 실제 직무 수행 시 접할 수 있는 상황들을 제시하므로 입사 이후 지원자의 업무수행능력을 평가하는 데 적절한 면접 방식이다. 또한 지원자의 가치관, 태도, 사고 방식 등의 요소를 통합적으로 평가하는 데 용이하다.

ⓒ 예시 문항 및 준비전략

• 예시 문항

> 당신은 생산관리팀의 팀원으로, 생산팀이 기한에 맞춰 효율적으로 제품을 생산할 수 있도록 관리하는 역할을 맡고 있습니다. 3개월 뒤에 제품A를 정상적으로 출시하기 위해 생산팀의 생산 계획을 수립한 상황입니다. 그러나 원가가 곧 실적으로 이어지는 구매팀에서는 최대한 원가를 줄여 전반적 단가를 낮추려고 원가절감을 위한 제안을 하였으나, 연구개발팀에서는 구매팀이 제안한 방식으로 제품을 생산할 경우 대부분이 구매팀의 실적으로 산정될 것이므로 제대로 확인도 해보지 않은 채 적합하지 않은 방식이라고 판단하고 있습니다. 당신은 어떻게 하겠습니까?

• 준비전략 : 상황면접은 먼저 주어진 상황에서 핵심이 되는 문제가 무엇인지를 파악하는 것에서 시작한다. 주질문과 세부질문을 통하여 질문의 의도를 파악하였다면, 그에 대한 구체적인 행동이나 생각 등에 대해 응답할수록 높은 점수를 얻을 수 있다.

⑤ 역할면접

ⓐ 면접 방식 및 판단기준

• 면접 방식 : 역할면접 또는 역할연기 면접은 기업 내 발생 가능한 상황에서 부딪히게 되는 문제와 역할을 가상적으로 설정하여 특정 역할을 맡은 사람과 상호작용하고 문제를 해결해 나가도록 하는 방식으로 진행된다. 역할연기 면접에서는 면접관이 직접 역할연기를 하면서 지원자를 관찰하기도 하지만, 역할연기 수행만 전문적으로 하는 사람을 투입할 수도 있다.

• 판단기준 : 대처능력, 대인관계능력, 의사소통능력 등

ⓛ 특징 : 역할면접은 실제 상황과 유사한 가상 상황에서의 행동을 관찰함으로서 지원자의 성격이나 대처 행동 등을 관찰할 수 있다.

ⓒ 예시 문항 및 준비전략

• 예시 문항

> [금융권 역할면접의 예]
> 당신은 ○○은행의 신입 텔러이다. 사람이 많은 월말 오전 한 할아버지(면접관 또는 역할담당자)께서 ○○은행을 사칭한 보이스피싱으로 500만 원을 피해 보았다며 소란을 일으키고 있다. 실제 업무상황이라고 생각하고 상황에 대처해 보시오.

- 준비전략 : 역할연기 면접에서 측정하는 역량은 주로 갈등의 원인이 되는 문제를 해결 하고 제시된 해결방안을 상대방에게 설득하는 것이다. 따라서 갈등해결, 문제해결, 조정 · 통합, 설득력과 같은 역량이 중요시된다. 또한 갈등을 해결하기 위해서 상대방에 대한 이해도 필수적인 요소이므로 고객 지향을 염두에 두고 상황에 맞게 대처해야 한다.

  역할면접에서는 변별력을 높이기 위해 면접관이 압박적인 분위기를 조성하는 경우가 많기 때문에 스트레스 상황에서 불안해하지 않고 유연하게 대처할 수 있도록 시간과 노력을 들여 충분히 연습하는 것이 좋다.

2 면접 이미지 메이킹

(1) 성공적인 이미지 메이킹 포인트

① 복장 및 스타일
  ㉠ 남성

- 양복 : 양복은 단색으로 하며 넥타이나 셔츠로 포인트를 주는 것이 효과적이다. 짙은 회색이나 감청색이 가장 단정하고 품위 있는 인상을 준다.
- 셔츠 : 흰색이 가장 선호되나 자신의 피부색에 맞추는 것이 좋다. 푸른색이나 베이지색은 산뜻한 느낌을 줄 수 있다. 양복과의 배색도 고려하도록 한다.
- 넥타이 : 의상에 포인트를 줄 수 있는 아이템이지만 너무 화려한 것은 피한다. 지원자의 피부색은 물론, 정장과 셔츠의 색을 고려하며, 체격에 따라 넥타이 폭을 조절하는 것이 좋다.
- 구두 & 양말 : 구두는 검정색이나 짙은 갈색이 어느 양복에나 무난하게 어울리며 깔끔하게 닦아 준비한다. 양말은 정장과 동일한 색상이나 검정색을 착용한다.
- 헤어스타일 : 머리스타일은 단정한 느낌을 주는 짧은 헤어스타일이 좋으며 앞머리가 있다면 이마나 눈썹을 가리지 않는 선에서 정리하는 것이 좋다.

ㄴ 여성

- 의상 : 단정한 스커트 투피스 정장이나 슬랙스 슈트가 무난하다. 블랙이나 그레이, 네이비, 브라운 등 차분해 보이는 색상을 선택하는 것이 좋다.
- 소품 : 구두, 핸드백 등은 같은 계열로 코디하는 것이 좋으며 구두는 너무 화려한 디자인이나 굽이 높은 것을 피한다. 스타킹은 의상과 구두에 맞춰 단정한 것으로 선택한다.
- 액세서리 : 액세서리는 너무 크거나 화려한 것은 좋지 않으며 과하게 많이 하는 것도 좋은 인상을 주지 못한다. 착용하지 않거나 작고 깔끔한 디자인으로 포인트를 주는 정도가 적당하다.
- 메이크업 : 화장은 자연스럽고 밝은 이미지를 표현하는 것이 좋으며 진한 색조는 인상이 강해 보일 수 있으므로 피한다.
- 헤어스타일 : 커트나 단발처럼 짧은 머리는 활동적이면서도 단정한 이미지를 줄 수 있도록 정리한다. 긴 머리의 경우 하나로 묶거나 단정한 머리망으로 정리하는 것이 좋으며, 짙은 염색이나 화려한 웨이브는 피한다.

② 인사

ㄱ 인사의 의미 : 인사는 예의범절의 기본이며 상대방의 마음을 여는 기본적인 행동이라고 할 수 있다. 인사는 처음 만나는 면접관에게 호감을 살 수 있는 가장 쉬운 방법이 될 수 있기도 하지만 제대로 예의를 지키지 않으면 지원자의 인성 전반에 대한 평가로 이어질 수 있으므로 각별히 주의해야 한다.

ㄴ 인사의 핵심 포인트

- 인사말 : 인사말을 할 때에는 밝고 친근감 있는 목소리로 하며, 자신의 이름과 수험번호 등을 간략하게 소개한다.
- 시선 : 인사는 상대방의 눈을 보며 하는 것이 중요하며 너무 빤히 쳐다본다는 느낌이 들지 않도록 주의한다.
- 표정 : 인사는 마음에서 우러나오는 존경이나 반가움을 표현하고 예의를 차리는 것이므로 살짝 미소를 지으며 하는 것이 좋다.
- 자세 : 인사를 할 때에는 가볍게 목만 숙인다거나 흐트러진 상태에서 인사를 하지 않도록 주의하며 절도 있고 확실하게 하는 것이 좋다.

③ 시선처리와 표정, 목소리

　㉠ **시선처리와 표정** : 표정은 면접에서 지원자의 첫인상을 결정하는 중요한 요소이다. 얼굴표정은 사람의 감정을 가장 잘 표현할 수 있는 의사소통 도구로 표정 하나로 상대방에게 호감을 주거나, 비호감을 사기도 한다. 호감이 가는 인상의 특징은 부드러운 눈썹, 자연스러운 미간, 적당히 볼록한 광대, 올라간 입 꼬리 등으로 가볍게 미소를 지을 때의 표정과 일치한다. 따라서 면접 중에는 밝은 표정으로 미소를 지어 호감을 형성할 수 있도록 한다. 시선은 면접관과 고르게 맞추되 생기 있는 눈빛을 띄도록 하며, 너무 빤히 쳐다본다는 인상을 주지 않도록 한다.

　㉡ **목소리** : 면접은 주로 면접관과 지원자의 대화로 이루어지므로 목소리가 미치는 영향이 상당하다. 답변을 할 때에는 부드러우면서도 활기차고 생동감 있는 목소리로 하는 것이 면접관에게 호감을 줄 수 있으며 적당한 제스처가 더해진다면 상승효과를 얻을 수 있다. 그러나 적절한 답변을 하였음에도 불구하고 콧소리나 날카로운 목소리, 자신감 없는 작은 목소리는 답변의 신뢰성을 떨어뜨릴 수 있으므로 주의하도록 한다.

④ **자세**

　㉠ **걷는 자세**
- 면접장에 입실할 때에는 상체를 곧게 유지하고 발끝은 평행이 되게 하며 무릎을 스치듯 11자로 걷는다.
- 시선은 정면을 향하고 턱은 가볍게 당기며 어깨나 엉덩이가 흔들리지 않도록 주의한다.
- 발바닥 전체가 닿는 느낌으로 안정감 있게 걸으며 발소리가 나지 않도록 주의한다.
- 보폭은 어깨넓이만큼이 적당하지만, 스커트를 착용했을 경우 보폭을 줄인다.
- 걸을 때도 미소를 유지한다.

　㉡ **서있는 자세**
- 몸 전체를 곧게 펴고 가슴을 자연스럽게 내민 후 등과 어깨에 힘을 주지 않는다.
- 정면을 바라본 상태에서 턱을 약간 당기고 아랫배에 힘을 주어 당기며 바르게 선다.
- 양 무릎과 발뒤꿈치는 붙이고 발끝은 11자 또는 V형을 취한다.
- 남성의 경우 팔을 자연스럽게 내리고 양손을 가볍게 쥐어 바지 옆선에 붙이고, 여성의 경우 공수자세를 유지한다.

ⓒ 앉은 자세

• 남성

> • 의자 깊숙이 앉고 등받이와 등 사이에 주먹 1개 정도의 간격을 두며 기대듯 앉지 않도록 주의한다. (남녀 공통 사항)
> • 무릎 사이에 주먹 2개 정도의 간격을 유지하고 발끝은 11자를 취한다.
> • 시선은 정면을 바라보며 턱은 가볍게 당기고 미소를 짓는다. (남녀 공통 사항)
> • 양손은 가볍게 주먹을 쥐고 무릎 위에 올려놓는다.
> • 앉고 일어날 때에는 자세가 흐트러지지 않도록 주의한다. (남녀 공통 사항)

• 여성

> • 스커트를 입었을 경우 왼손으로 뒤쪽 스커트 자락을 누르고 오른손으로 앞쪽 자락을 누르며 의자에 앉는다.
> • 무릎은 붙이고 발끝을 가지런히 하며, 다리를 왼쪽으로 비스듬히 기울이면 여성스러워 보이는 효과가 있다.
> • 양손을 모아 무릎 위에 모아 놓으며 스커트를 입었을 경우 스커트 위를 가볍게 누르듯이 올려놓는다.

(2) 면접 예절

① 행동 관련 예절

ⓐ 지각은 절대금물 : 시간을 지키는 것은 예절의 기본이다. 지각을 할 경우 면접에 응시할 수 없거나, 면접 기회가 주어지더라도 불이익을 받을 가능성이 높아진다. 따라서 면접장소가 결정되면 교통편과 소요시간을 확인하고 가능하다면 사전에 미리 방문해 보는 것도 좋다. 면접 당일에는 서둘러 출발하여 면접 시간 20~30분 전에 도착하여 회사를 둘러보고 환경에 익숙해지는 것도 성공적인 면접을 위한 요령이 될 수 있다.

ⓑ 면접 대기 시간 : 지원자들은 대부분 면접장에서의 행동과 답변 등으로만 평가를 받는다고 생각하지만 그렇지 않다. 면접관이 아닌 면접진행자 역시 대부분 인사실무자이며 면접관이 면접 후 지원자에 대한 평가에 있어 확신을 위해 면접진행자의 의견을 구한다면 면접진행자의 의견이 당락에 영향을 줄 수 있다. 따라서 면접 대기 시간에도 행동과 말을 조심해야 하며, 면접을 마치고 돌아가는 순간까지도 긴장을 늦춰서는 안 된다. 면접 중 압박적인 질문에 답변을 잘 했지만, 면접장을 나와 흐트러진 모습을 보이거나 욕설을 한다면 면접 탈락의 요인이 될 수 있으므로 주의해야 한다.

ⓒ 입실 후 태도 : 본인의 차례가 되어 호명되면 또렷하게 대답하고 들어간다. 만약 면접장 문이 닫혀 있다면 상대에게 소리가 들릴 수 있을 정도로 노크를 두세 번 한 후 대답을 듣고 나서 들어가야 한다. 문을 여닫을 때에는 소리가 나지 않게 조용히 하며 공손한 자세로 인사한 후 성명과 수험번호를 말하고 면접관의 지시에 따라 자리에 앉는다. 이 경우 착석하라는 말이 없는데 먼저 의자에 앉으면 무례한 사람으로 보일 수 있으므로 주의한다. 의자에 앉을 때에는 끝에 앉지 말고 무릎 위에 양손을 가지런히 얹는 것이 예절이라고 할 수 있다.

ⓔ 옷매무새를 자주 고치지 마라. : 일부 지원자의 경우 옷매무새 또는 헤어스타일을 자주 고치거나 확인하기도 하는데 이러한 모습은 과도하게 긴장한 것 같아 보이거나 면접에 집중하지 못하는 것으로 보일 수 있다. 남성 지원자의 경우 넥타이를 자꾸 고쳐 맨다거나 정장 상의 끝을 너무 자주 만지작거리지 않는다. 여성 지원자는 머리를 계속 쓸어 올리지 않고, 특히 짧은 치마를 입고서 신경이 쓰여 치마를 끌어 내리는 행동은 좋지 않다.

ⓤ 다리를 떨거나 산만한 시선은 면접 탈락의 지름길 : 자신도 모르게 다리를 떨거나 손가락을 만지는 등의 행동을 하는 지원자가 있는데, 이는 면접관의 주의를 끌 뿐만 아니라 불안하고 산만한 사람이라는 느낌을 주게 된다. 따라서 가능한 한 바른 자세로 앉아 있는 것이 좋다. 또한 면접관과 시선을 맞추지 못하고 여기저기 둘러보는 듯한 산만한 시선은 지원자가 거짓말을 하고 있다고 여겨지거나 신뢰할 수 없는 사람이라고 생각될 수 있다.

② 답변 관련 예절

ⓖ 면접관이나 다른 지원자와 가치 논쟁을 하지 않는다. : 질문을 받고 답변하는 과정에서 면접관 또는 다른 지원자의 의견과 다른 의견이 있을 수 있다. 특히 평소 지원자가 관심이 많은 문제이거나 잘 알고 있는 문제인 경우 자신과 다른 의견에 대해 이의가 있을 수 있다. 하지만 주의할 것은 면접에서 면접관이나 다른 지원자와 가치 논쟁을 할 필요는 없다는 것이며 오히려 불이익을 당할 수도 있다. 정답이 정해져 있지 않은 경우에는 가치관이나 성장배경에 따라 문제를 받아들이는 태도에서 답변까지 충분히 차이가 있을 수 있으므로 굳이 면접관이나 다른 지원자의 가치관을 지적하고 고치려 드는 것은 좋지 않다.

ⓛ 답변은 항상 정직해야 한다. : 면접이라는 것이 아무리 지원자의 장점을 부각시키고 단점을 축소시키는 것이라고 해도 절대로 거짓말을 해서는 안 된다. 거짓말을 하게 되면 지원자는 불안하거나 꺼림칙한 마음이 들게 되어 면접에 집중을 하지 못하게 되고 수많은 지원자를 상대하는 면접관은 그것을 놓치지 않는다. 거짓말은 그 지원자에 대한 신뢰성을 떨어뜨리며 이로 인해 다른 스펙이 아무리 훌륭하다고 해도 채용에서 탈락하게 될 수 있음을 명심하도록 한다.

ⓒ 경력직을 경우 전 직장에 대해 험담하지 않는다. : 지원자가 전 직장에서 무슨 업무를 담당했고 어떤 성과를 올렸는지는 면접관이 관심을 둘 사항일 수 있지만, 이전 직장의 기업문화나 상사들이 어땠는지는 그다지 궁금해 하는 사항이 아니다. 전 직장에 대해 험담을 늘어놓는다든가, 동료와 상사에 대한 악담을 하게 된다면 오히려 지원자에 대한 부정적인 이미지만 심어줄 수 있다. 만약 전 직장에 대한 말을 해야 할 경우가 생긴다면 가능한 한 객관적으로 이야기하는 것이 좋다.

ⓔ 자기 자신이나 배경에 대해 자랑하지 않는다. : 자신의 성취나 부모 형제 등 집안사람들이 사회 · 경제적으로 어떠한 위치에 있는지에 대한 자랑은 면접관으로 하여금 지원자에 대해 오만한 사람이거나 배경에 의존하려는 나약한 사람이라는 이미지를 갖게 할 수 있다. 따라서 자기 자신이나 배경에 대해 자랑하지 않도록 하고, 자신이 한 일에 대해서 너무 자세하게 얘기하지 않도록 주의해야 한다.

3 면접 질문 및 답변 포인트

(1) 가족 및 대인관계에 관한 질문

① 당신의 가정은 어떤 가정입니까?
면접관들은 지원자의 가정환경과 성장과정을 통해 지원자의 성향을 알고 싶어 이와 같은 질문을 한다. 비록 가정 일과 사회의 일이 완전히 일치하는 것은 아니지만 '가화만사성'이라는 말이 있듯이 가정이 화목해야 사회에서도 화목하게 지낼 수 있기 때문이다. 그러므로 답변 시에는 가족사항을 정확하게 설명하고 집안의 분위기와 특징에 대해 이야기하는 것이 좋다.

② 아버지의 직업은 무엇입니까?

아주 기본적인 질문이지만 지원자는 아버지의 직업과 내가 무슨 관련성이 있을까 생각하기 쉬워 포괄적인 답변을 하는 경우가 많다. 그러나 이는 바람직하지 않은 것으로 단답형으로 답변하면 세부적인 직종 및 근무연한 등을 물을 수 있으므로 모든 걸 한 번에 대답하는 것이 좋다.

③ 친구 관계에 대해 말해 보십시오.

지원자의 인간성을 판단하는 질문으로 교우관계를 통해 답변자의 성격과 대인관계능력을 파악할 수 있다. 새로운 환경에 적응을 잘하여 새로운 친구들이 많은 것도 좋지만, 깊고 오래 지속되어온 인간관계를 말하는 것이 더욱 바람직하다.

(2) 성격 및 가치관에 관한 질문

① 당신의 PR포인트를 말해 주십시오.

PR포인트를 말할 때에는 지나치게 겸손한 태도는 좋지 않으며 적극적으로 자기를 주장하는 것이 좋다. 앞으로 입사 후 하게 될 업무와 관련된 자기의 특성을 구체적인 일화를 더하여 이야기하도록 한다.

② 당신의 장·단점을 말해 보십시오.

지원자의 구체적인 장·단점을 알고자 하기 보다는 지원자가 자기 자신에 대해 얼마나 알고 있으며 어느 정도의 객관적인 분석을 하고 있나, 그리고 개선의 노력 등을 시도하는지를 파악하고자 하는 것이다. 따라서 장점을 말할 때는 업무와 관련된 장점을 뒷받침할 수 있는 근거와 함께 제시하며, 단점을 이야기할 때에는 극복을 위한 노력을 반드시 포함해야 한다.

③ 가장 존경하는 사람은 누구입니까?

존경하는 사람을 말하기 위해서는 우선 그 인물에 대해 알아야 한다. 잘 모르는 인물에 대해 존경한다고 말하는 것은 면접관에게 바로 지적당할 수 있으므로, 추상적이라도 좋으니 평소에 존경스럽다고 생각했던 사람에 대해 그 사람의 어떤 점이 좋고 존경스러운지 대답하도록 한다. 또한 자신에게 어떤 영향을 미쳤는지도 언급하면 좋다.

(3) 학교생활에 관한 질문

① 지금까지의 학교생활 중 가장 기억에 남는 일은 무엇입니까?

가급적 직장생활에 도움이 되는 경험을 이야기하는 것이 좋다. 또한 경험만을 간단하게 말하지 말고 그 경험을 통해서 얻을 수 있었던 교훈 등을 예시와 함께 이야기하는 것이 좋으나 너무 상투적인 답변이 되지 않도록 주의해야 한다.

② 성적은 좋은 편이었습니까?

면접관은 이미 서류심사를 통해 지원자의 성적을 알고 있다. 그럼에도 불구하고 이 질문을 하는 것은 지원자가 성적에 대해서 어떻게 인식하느냐를 알고자 하는 것이다. 성적이 나빴던 이유에 대해서 변명하려 하지 말고 담백하게 받아드리고 그것에 대한 개선노력을 했음을 밝히는 것이 적절하다.

③ 학창시절에 시위나 집회 등에 참여한 경험이 있습니까?

기업에서는 노사분규를 기업의 사활이 걸린 중대한 문제로 인식하고 거시적인 차원에서 접근한다. 이러한 기업문화를 제대로 인식하지 못하여 학창시절의 시위나 집회 참여 경험을 자랑스럽게 답변할 경우 감점요인이 되거나 심지어는 탈락할 수 있다는 사실에 주의한다. 시위나 집회에 참가한 경험을 말할 때에는 타당성과 정도에 유의하여 답변해야 한다.

(4) 지원동기 및 직업의식에 관한 질문

① 왜 우리 회사를 지원했습니까?

이 질문은 어느 회사나 가장 먼저 물어보고 싶은 것으로 지원자들은 기업의 이념, 대표의 경영능력, 재무구조, 복리후생 등 외적인 부분을 설명하는 경우가 많다. 이러한 답변도 적절하지만 지원 회사의 주력 상품에 관한 소비자의 인지도, 경쟁사 제품과의 시장점유율을 비교하면서 입사동기를 설명한다면 상당히 주목 받을 수 있을 것이다.

② 만약 이번 채용에 불합격하면 어떻게 하겠습니까?

불합격할 것을 가정하고 회사에 응시하는 지원자는 거의 없을 것이다. 이는 지원자를 궁지로 몰아넣고 어떻게 대응하는지를 살펴보며 입사 의지를 알아보려고 하는 것이다. 이 질문은 너무 깊이 들어가지 말고 침착하게 답변하는 것이 좋다.

③ 당신이 생각하는 바람직한 사원상은 무엇입니까?

직장인으로서 또는 조직의 일원으로서의 자세를 묻는 질문으로 지원하는 회사에서 어떤 인재상을 요구하는 가를 알아두는 것이 좋으며, 평소에 자신의 생각을 미리 정리해 두어 당황하지 않도록 한다.

④ 직무상의 적성과 보수의 많음 중 어느 것을 택하겠습니까?

이런 질문에서 회사 측에서 원하는 답변은 당연히 직무상의 적성에 비중을 둔다는 것이다. 그러나 적성만을 너무 강조하다 보면 오히려 솔직하지 못하다는 인상을 줄 수 있으므로 어느 한 쪽을 너무 강조하거나 경시하는 태도는 바람직하지 못하다.

⑤ 상사와 의견이 다를 때 어떻게 하겠습니까?

과거와 다르게 최근에는 상사의 명령에 무조건 따르겠다는 수동적인 자세는 바람직하지 않다. 회사에서는 때에 따라 자신이 판단하고 행동할 수 있는 직원을 원하기 때문이다. 그러나 지나치게 자신의 의견만을 고집한다면 이는 팀원 간의 불화를 야기할 수 있으며 팀 체제에 악영향을 미칠 수 있으므로 선호하지 않는다는 것에 유념하여 답해야 한다.

⑥ 근무지가 지방인데 근무가 가능합니까?

근무지가 지방 중에서도 특정 지역은 되고 다른 지역은 안 된다는 답변은 바람직하지 않다. 직장에서는 순환 근무라는 것이 있으므로 처음에 지방에서 근무를 시작했다고 해서 계속 지방에만 있는 것은 아님을 유의하고 답변하도록 한다.

(5) 여가 활용에 관한 질문

① 취미가 무엇입니까?

기초적인 질문이지만 특별한 취미가 없는 지원자의 경우 대답이 애매할 수밖에 없다. 그래서 가장 많이 대답하게 되는 것이 독서, 영화감상, 혹은 음악감상 등과 같은 흔한 취미를 말하게 되는데 이런 취미는 면접관의 주의를 끌기 어려우며 설사 정말 위와 같은 취미를 가지고 있다하더라도 제대로 답변하기는 힘든 것이 사실이다. 가능하면 독특한 취미를 말하는 것이 좋으며 이제 막 시작한 것이라도 열의를 가지고 있음을 설명할 수 있으면 그것을 취미로 답변하는 것도 좋다.

② 술자리를 좋아합니까?

이 질문은 정말로 술자리를 좋아하는 정도를 묻는 것이 아니다. 우리나라에서는 대부분 술자리가 친교의 자리로 인식되기 때문에 그것에 얼마나 적극적으로 참여할 수 있는 가를 우회적으로 묻는 것이다. 술자리를 싫어한다고 대답하게 되면 원만한 대인관계에 문제가 있을 수 있다고 평가될 수 있으므로 술을 잘 마시지 못하더라도 술자리의 분위기는 즐긴다고 답변하는 것이 좋으며 주량에 대해서는 정확하게 말하는 것이 좋다.

(6) 여성 지원자들을 겨냥한 질문

① 결혼은 언제 할 생각입니까?

지원자가 결혼예정자일 경우 기업은 채용을 꺼리게 되는 경향이 있다. 업무를 어느 정도 인식하고 수행할 정도가 되면 퇴사하는 일이 흔하기 때문이다. 가능하면 향후 몇 년간은 결혼 계획이 없다고 답변하는 것이 현실적인 대처 요령이며, 덧붙여 결혼 후에도 일하고자 하는 의지를 강하게 내보인다면 더욱 도움이 된다.

② 만약 결혼 후 남편이나 시댁에서 직장생활을 그만두라고 강요한다면 어떻게 하겠습니까?

결혼적령기의 여성 지원자들에게 빈번하게 묻는 질문으로 의견 대립이 생겼을 때 상대방을 설득하고 타협하는 능력을 알아보고자 하는 것이다. 따라서 남편이나 시댁과 충분한 대화를 통해 설득하고 계속 근무하겠다는 의지를 밝히는 것이 좋다.

③ 여성의 취업을 어떻게 생각합니까?

여성 지원자들의 일에 대한 열의와 포부를 알고자 하는 질문이다. 많은 기업들이 여성들의 섬세하고 꼼꼼한 업무능력과 감각을 높이 평가하고 있으며, 사회 전반적인 분위기 역시 맞벌이를 이해하고 있으므로 자신의 의지를 당당하고 자신감 있게 밝히는 것이 좋다.

④ 커피나 복사 같은 잔심부름이 주어진다면 어떻게 하겠습니까?

여성 지원자들에게 가장 난감하고 자존심상하는 질문일 수 있다. 이 질문은 여성 지원자에게 잔심부름을 시키겠다는 요구가 아니라 직장생활 중에서의 협동심이나 봉사정신, 직업관을 알아보고자 하는 것이다. 또한 이 과정에서 압박기법을 사용해 비꼬는 투로 말하는 수 있는데 이는 자존심이 상하거나 불쾌해질 때의 행동을 알아보려는 것이다. 이럴 경우 흥분하여 과격하게 답변하면 탈락하게 되며, 무조건 열심히 하겠다는 대답도 신뢰성이 없는 답변이다. 직장생활을 위해 필요한 일이면 할 수 있다는 정도의 긍정적인 답변을 하되, 한 사람의 사원으로서 당당함을 유지하는 것이 좋다.

(7) 지원자를 당황하게 하는 질문

① 성적이 좋지 않은데 이 정도의 성적으로 우리 회사에 입사할 수 있다고 생각합니까?

비록 자신의 성적이 좋지 않더라도 이미 서류심사에 통과하여 면접에 참여하였다면 기업에서는 지원자의 성적보다 성적 이외의 요소, 즉 성격·열정 등을 높이 평가했다는 것이라고 할 수 있다. 그러나 이런 질문을 받게 되면 지원자는 당황할 수 있으나 주눅 들지 말고 침착하게 대처하는 면모를 보인다면 더 좋은 인상을 남길 수 있다.

② 우리 회사 회장님 함자를 알고 있습니까?

회장이나 사장의 이름을 조사하는 것은 면접일을 통고받았을 때 이미 사전 조사되었어야 하는 사항이다. 단답형으로 이름만 말하기보다는 그 기업에 입사를 희망하는 지원자의 입장에서 답변하는 것이 좋다.

③ 당신은 이 회사에 적합하지 않은 것 같군요.

이 질문은 지원자의 입장에서 상당히 곤혹스러울 수밖에 없다. 질문을 듣는 순간 그렇다면 면접은 왜 참가시킨 것인가 하는 생각이 들 수도 있다. 하지만 당황하거나 흥분하지 말고 침착하게 자신의 어떤 면이 회사에 적당하지 않은지 겸손하게 물어보고 지적당한 부분에 대해서 고치겠다는 의지를 보인다면 오히려 자신의 능력을 어필할 수 있는 기회로 사용할 수도 있다.

④ 다시 공부할 계획이 있습니까?

이 질문은 지원자가 합격하여 직장을 다니다가 공부를 더 하기 위해 회사를 그만 두거나 학습에 더 관심을 두어 일에 대한 능률이 저하될 것을 우려하여 묻는 것이다. 이때에는 당연히 학습보다는 일을 강조해야 하며, 업무 수행에 필요한 학습이라면 업무에 지장이 없는 범위에서 야간학교를 다니거나 회사에서 제공하는 연수 프로그램 등을 활용하겠다고 답변하는 것이 적당하다.

⑤ 지원한 분야가 전공한 분야와 다른데 여기 일을 할 수 있겠습니까?

수험생의 입장에서 본다면 지원한 분야와 전공이 다르지만 서류전형과 필기전형에 합격하여 면접을 보게 된 경우라고 할 수 있다. 이는 결국 해당 회사의 채용 방침상 전공에 크게 영향을 받지 않는다는 것이므로 무엇보다 자신이 전공하지는 않았지만 어떤 업무도 적극적으로 임할 수 있다는 자신감과 능동적인 자세를 보여주도록 노력하는 것이 좋다.

02 면접기출

2019년 면접 형식

- 실무진 면접(15분간 진행, 70% 반영) + 토론 면접(20분간 진행, 30% 반영)

1 2019 최신 면접기출

1. 1분 동안 자기소개를 해보시오.

2. 다른 사람과 비교하여 직무에 대해서 자신이 가지고 있는 강점이 무엇이라 생각하는가?

3. 자신의 능력을 향상시키기 위해서 노력한 점은 무엇이 있는가?

4. 주변 사람들은 본인에 대해 어떻게 생각하는가?

5. 본인이 손해를 감수하면서까지 신뢰를 지키기 위해 노력했던 경험에 대해 말해보시오.

6. 공단에 입사하기 위해 구체적으로 어떤 **노력**을 기울였는가?

7. 어떠한 경로로 우리 공단에 대해 알게 되었는가?

8. 취업 준비 기간 동안 다른 사람, 특히 부모님에게 피해를 끼치지 않기 위해 어떤 노력을 했는가?30% 반영)

1. 사학연금공단에서 어떤 직무를 하고 싶은가?

2. 우리 공단에서 특히 일하고 싶은 부서가 있는가?

3. 자신의 꿈이 무엇인지 사학연금공단과 관련지어 말해보시오.

4. 최근에 본인이 싫어하는 상황을 경험한 적이 있는가? 그 상황에서 어떻게 대처했는가?

5. 사학연금공단의 특성 중 가장 중요한 것은 무엇이라고 생각하는가?

6. 입사 후 사학연금공단의 특성과 관련해서 어떤 일을 할 수 있을 거라고 생각하는가?

7. 친구들은 자신에 대해 어떻게 생각하는가?

8. 최근에 읽었던 책이 있는가?

9. 자신의 성향이 창조인에 근접하다고 생각하는가?

10. 첫 월급을 받게 되면 부모님께 쓰는 것 외에 어떻게 쓸 것인가?

11. 상사가 부당한 지시를 내린다면 어떻게 대처하겠는가?

12. 부당한 지시의 기준이 무엇이라고 생각하는가?

13. 함께 일하는 동료와 문제가 생기면 어떻게 대처할 것인가?

14. 사학연금공단의 광고모델을 추천한다면 누구를 추천하겠는가?

15. 사학연금에 대해 아는 대로 말해 보시오.

온라인강의와
함께 공부하자!

공무원 | 자격증 | NCS | 부사관·장교

네이버 검색창과 유튜브에 소정미디어를 검색해보세요.
다양한 강의로 학습에 도움을 받아보세요.

유튜브무료강의

소정미디어 홈페이지에서
다양한 강의를 확인해보세요.